Yvonne Wagner / Barbara Peters

Herbst

Geschichten und Projekte zu den Bildungsbereichen

Materialien für den Kindergarten

Hase und Igel®

© 2010 Hase und Igel Verlag, Garching b. München
www.hase-und-igel.de
Lektorat: Monika Burger, Insa Janssen, Renate Krapf
Layout: Helga Lindemann
Illustrationen: Anke Dammann, Christine Faltermayr
Druck: Himmer AG, Augsburg

ISBN 978-3-86760-853-4

Inhalt

Inhalt

Inhalt

Miteinander leben

Vorwort

Projekt Herbst

Der Rhythmus der Jahreszeiten birgt für Kinder viele Erfahrungsmöglichkeiten. Hierzu gehören die ersten wärmenden Sonnenstrahlen im Frühling, Gewitter im Sommer ebenso wie frostige Tage im Winter. Im Herbst finden in der Natur zahlreiche Veränderungen statt: Die Tage werden kürzer, es wird kühler, Blätter färben sich bunt und fallen von den Bäumen.

Daher bietet dieses Material zahlreiche Anregungen für Erkundungsgänge in der Natur, für Aktivitäten, die im Freien stattfinden oder die den Kindern Erfahrungen mit Naturmaterialien ermöglichen. Das Phänomen Wind wird erforscht und die Blätter und Früchte von Laubbäumen werden genauer betrachtet. Entspannungsphasen lassen nach Aktivitäten Gemütlichkeit aufkommen. Die Kinder erwerben zahlreiche Informationen über die Lebensweise von Spinnen, lernen die Legende von St. Martin und die mit diesem Festtag verbundenen Bräuche kennen und erproben die Zubereitung verschiedener Speisen mit herbstlichen Früchten. In vielfältigen Aktivitäten und Gesprächen erhalten die Kinder zahlreiche Möglichkeiten sich auszudrücken und etwas zu kommunizieren. Dabei liegt ein besonderer Schwerpunkt auf der Auseinandersetzung mit fremden Sprachen, mit Mimik, Körpersprache und Symbolen. Mit Spielen, auch im Freien, machen die Kinder vielfältige Bewegungserfahrungen, die für ihre motorische Entwicklung von großer Bedeutung sind. Ein gemeinsam organisiertes Herbst-Café, zu dem auch die Eltern eingeladen werden können, stellt ein besonderes Erlebnis dar und kann einen schönen Abschluss des Herbst-Projekts bilden.

Die Kapitel orientieren sich an den Bildungsbereichen:
- Sprache und Literacy
- Kreativität und Musik
- Forschen und entdecken
- Körper, Bewegung und Gesundheit
- Miteinander leben

Diese basieren auf den Bildungs- und Erziehungsplänen bzw. -empfehlungen für Elementarpädagogik der Bundesländer. Mithilfe der Aktivitäten und Aktivgeschichten können Sie gemeinsam mit den Kindern ein Herbstprojekt entwickeln und dabei die einzelnen Bildungsbereiche gezielt ansprechen. Ob dies nun ein großes Projekt wird oder mehrere kleine zu bestimmten Aspekten der herbstlichen Jahreszeit – die Entwicklung des Projekts hängt ganz von den Fragen der Kinder ab und wie Sie diese aufgreifen.

Informieren Sie die Eltern vorab über die Themen und dokumentieren Sie den Fortgang des Projekts. So erhalten die Eltern Einblicke in die Bildungsangebote und können feststellen, welche Kenntnisse und Kompetenzen ihre Kinder erwerben. Vielleicht möchten sich die Eltern an verschiedenen Aktivitäten beteiligen oder sogar eigene Ideen einfließen lassen. Von einem lebendigen und aufgeschlossenen Umgang mit der Projektarbeit profitieren Sie, die Kinder und die Eltern gleichermaßen.

Struktur der Kapitel

Die fünf Kapitel folgen alle dem gleichen Aufbau: Sie sind in Einleitung, Aktivgeschichte und Praxisseiten gegliedert.

Einleitung
Die Vorbemerkungen bieten eine kurze Einführung zum entsprechenden Bildungsbereich. Anschließend wird die Aktivgeschichte zusammengefasst und ihre Besonderheiten werden kurz erörtert. Der nächste Abschnitt gibt einen Überblick über die Praxisseiten und damit über die verschiedenen Aktivitäten des Kapitels.

Aktivgeschichte
Kinder lieben es, Geschichten zu lauschen. Sie schlüpfen häufig in Rollen von Figuren, die sie aus den Geschichten kennen, und leben deren Abenteuer nach oder variieren sie mit viel Fantasie. Diese Freude an der Identifikation und am Rollenspiel wird mit den Aktivgeschichten aufgegriffen. Sie sind inhaltlich auf den Bildungsbereich des jeweiligen Kapitels ausgerichtet und eignen sich als Einleitung und Impulsgeber für die nachfolgenden Aktivitäten. Einige Angebote sind direkt mit den Geschichten verknüpft. Auf diese Weise werden die Kinder motiviert, die Inhalte der Geschichten zu vertiefen. Je nachdem, welche Themen die Kinder gerade beschäftigen, können sich aus den Aktivgeschichten jedoch ganz unterschiedliche Fragestellungen und Aktivitäten ergeben. Die Praxis-

seiten sind deshalb als Ideensammlung zu verstehen, die jederzeit an die Interessenlage der Kinder angepasst werden kann.

Die Besonderheit der Aktivgeschichten liegt in der Verknüpfung von Sprache mit Bewegung, Gestik und Mimik. Die Kinder hören nicht nur zu, sondern beteiligen sich aktiv mit ihrem ganzen Körper an der Handlung. Dies erleichtert zum einen das Verständnis, zum anderen lernen die Kinder damit auch die nonverbalen Aspekte der Kommunikation kennen. Und ganz nebenbei erweitern sie spielerisch ihren Wortschatz. Die Protagonisten der Geschichten eignen sich gut zur Identifikation: sei es die Kreuzspinne Aranea, die bei einem Wettbewerb das schönste Netz im Garten spinnen möchte, oder Fabian, der viel zu zappelig ist, um einer spannenden Geschichte lauschen zu können und sich erst draußen in der herbstlichen Natur austoben muss, oder seien es Lars und Malte, die beiden unzertrennlichen Freunde.

Die Aktivgeschichten werden übersichtlich in zwei Spalten präsentiert: Innen steht die Vorlesegeschichte; die Begriffe, die dargestellt oder mitgesprochen werden, sind fett gedruckt. In der Randspalte finden sich die dazu passenden Bewegungen und Äußerungen. Die Kinder fallen während des Vorlesens nach und nach in Ihre Darstellung mit ein. Die Aktivgeschichten können im Morgenkreis mit der ganzen Gruppe gelesen und gespielt werden. In ihrem eigenen Tempo wirken die Kinder an den Geschichten mit. Jüngere beteiligen sich zunächst vielleicht noch etwas zögerlich, beim wiederholten Lesen werden sie aber zunehmend aktiver.

Bei der Erprobung der Aktivgeschichten in der Praxis hat sich gezeigt, dass die Kinder viele Gesten rasch verinnerlichen. Sie können die Geschichten auch den Reaktionen der Kinder entsprechend variieren.

Praxisseiten

Schwerpunkt der Aktivitäten auf den Praxisseiten ist der jeweilige Bildungsbereich des Kapitels. Die Angebote können einzeln herausgegriffen, aber auch miteinander kombiniert und aufeinander aufbauend verwendet werden. Die Verzahnung von verschiedenen Aktivitäten ermöglicht den Kindern ganzheitliches Lernen. Anschaulichkeit und die Möglichkeit zum selbstständigen Experimentieren sind dabei besonders

wichtig. Alle Aktivitäten fördern sowohl den Wortschatz als auch das Sachwissen der Kinder.

Eine übersichtliche Randspalte gibt Auskunft über das Thema und die Kompetenzbereiche, angrenzende Bildungsbereiche, die empfohlene Anzahl der beteiligten Kinder, den Schwierigkeitsgrad, die nötige Vorbereitungszeit und mögliche Dauer der Aktivität sowie die benötigten Materialien. Soweit nicht anders gekennzeichnet, bezieht sich die Vorbereitungszeit auf das Zusammenstellen des Materials.

Um die Aktivitäten einzuleiten, bietet es sich an, im Morgenkreis mit der ganzen Gruppe das Vorhaben zu besprechen. So können die Kinder sich entscheiden, an welchen Aktivitäten sie sich beteiligen möchten, oder selbst Vorschläge äußern. Die meisten Angebote eignen sich für interessierte Kinder in Kleingruppen. Einige andere, wie Kreisspiele, Bewegungsspiele und Ausflüge, sind für die ganze Gruppe gedacht.

Eine besondere Stellung nehmen die Kinderseiten ein: Sie eignen sich besonders für 5- bis 6-Jährige. Diese Seiten werden kopiert und die Kinder können sie dann weitgehend eigenständig bearbeiten.

Die Infoseiten stellen eine weitere Besonderheit dar. Hier geben wir Ihnen viele Hintergrundinformationen zu zentralen Themen an die Hand.

Schließlich gibt es noch Gestaltungsvorlagen, die ebenfalls kopiert werden können. So können die Kinder beispielsweise eine Drehscheibe für ein Sprachspiel herstellen. Die Bildkarten mit herbstlichem Obst und Gemüse dienen als Anschauungsmaterial und können für weitere Sprachaktivitäten verwendet werden. Die Figurenmotive St. Martin, Bettler und Pferd ermöglichen ohne großen Aufwand das Erstellen von Stabpuppen für ein Martinsspiel.

Ein eindrucksvoller Abschluss für das Projekt kann ein Herbst-Café mit Festcharakter sein. In diesem Rahmen stellen die Kinder die entstandenen Kunstwerke aus und sind vielleicht mit einem Tanz, Bewegungslied oder Theaterstück als Gastgeber aktiv.

Wir wünschen Ihnen und den Kindern viel Spaß und einen erlebnisreichen Herbst!

Yvonne Wagner und Barbara Peters

Sprache und Literacy

Vorbemerkungen

Sprache ist unser zentrales Kommunikationsmittel. Unterstützt durch gestischen und mimischen Ausdruck, bringen wir nicht nur unsere Gefühle, Wünsche, Bedürfnisse und unser Wissen zum Ausdruck. Vielmehr erlangen wir durch Sprache Orientierung und Teilhabe am gesellschaftlichen und kulturellen Leben. Sprachkompetenz ist eine Schlüsselqualifikation, die wir in aktiver Auseinandersetzung mit unserer Umwelt erwerben und erweitern. In der frühen Kindheit basieren alle weiteren Lernprozesse auf einer gelungenen Ausdifferenzierung unserer Sprachfähigkeit. Ein gut ausgebildetes Sprachvermögen ist damit grundlegend für eine optimale geistige und seelische Entwicklung und ebenso für das spätere Erlernen von Schriftsprache und Fremdsprachen.

Kinder besitzen ein ganz natürliches Bedürfnis, ihr Sprachvermögen zu erproben und zu erweitern. Sie lieben es, Geschichten zu erzählen und Sachverhalte, die sie kennengelernt haben, zu erörtern. Sie haben Freude an einem spielerischen Umgang mit Begriffen und Satzstrukturen. Außerdem mögen sie die Wiederholung und den Rhythmus von Wörtern und Texten. Auf diese Weise verinnerlichen sie den erlernten Wortschatz und erfahren ihn als Teil ihrer Erlebniswelt.

Das Kapitel „Sprache und Literacy" nimmt daher eine besondere Stellung innerhalb des Materials ein. Es möchte die Freude an Sprache spielerisch unterstützen und zugleich das Sprechvermögen der Kinder erweitern. Im Zusammenhang mit den Themen „Fremdsprachen" und „Café" bieten sich vielfältige Rollenspiele mit zahlreichen motivierenden Sprechanlässen an. Dabei können die Kinder ihre Erzählfähigkeit weiterentwickeln, ihre Hörfähigkeit schulen und Möglichkeiten differenzierter Ausdrucksweisen kennenlernen. Gespräche und Sprachspiele, aber auch nonverbale Ausdrucksmöglichkeiten wie Gestik, Mimik, Pantomime und Symbole sensibilisieren die Kinder für die Vielfalt des Ausdrucks. Diese Erfahrungen sind nicht nur für die Sprachentwicklung von Bedeutung, sondern ebenso für die Persönlichkeitsentfaltung der Kinder und die Entwicklung individueller Interessen.

Aktivgeschichte

Im Kindergarten spielen vier Kinder eine Café-Situation im Rollenspiel nach. Zunächst sitzen Ida und Bente an einem Tisch und der Kellner Nils reicht ihnen die selbst gezeichnete Speisekarte. Später kommt Pauline dazu. Sie begrüßen sich höflich, wählen aus, was sie essen möchten, und geben ihre Bestellung schließlich bei Nils auf.

Dabei werden sie von Emre beobachtet, einem türkischen Jungen, der erst seit Kurzem in Deutschland ist und noch wenig Deutsch spricht. Da er mitspielen möchte, setzt er sich schließlich dazu und begrüßt die anderen Kinder auf Türkisch. Nach einem ersten Erstaunen verstehen sie, dass es sich bei den fremden Wörtern um eine Begrüßung handeln muss und erwidern seinen Gruß auf Türkisch. Nils reicht nun auch Emre die Speisekarte. Emre benennt die dort abgebildeten Früchte mit ihren türkischen Namen und bestellt anschließend einen Apfelkuchen. Als alle gegessen haben, verabschieden sie sich von Nils – Emre wieder auf Türkisch.

Nachdem die Kinder das Rollenspiel mehrmals wiederholt haben, wechseln sie die Rollen. Nun ist Emre der Kellner und alle sprechen Türkisch. Als Erster betritt Bente das türkische Café, verwechselt jedoch die türkischen Redewendungen für die Begrüßung und Verabschiedung und ist erstaunt, als Emre ihm nach seiner vermeintlichen Begrüßung zum Abschied winkt. Nach diesem Missverständnis macht das Spiel den Kindern großen Spaß. Am Nachmittag begrüßt Pauline ihre Mutter gleich auf Türkisch und erzählt von dem tollen Spiel, bei dem sie von Emre einige türkische Wörter gelernt hat.

Die Handlung findet im Kindergarten und damit in der direkten Erfahrungswelt der Kinder statt: Emre, der zunächst die Rolle des Außenseiters einnimmt, findet schließlich einen Weg, sich am Spiel zu beteiligen.

Sowohl Emre als auch die anderen vier Kinder eignen sich als Identifikationsfiguren: Mit Emre teilen die Kinder die Gefühle des Außenseiters und die Freude, mitspielen zu können. Über die anderen Kinder erfahren sie die Unsicherheit im Umgang mit einem neuen Kind in der Gruppe und einer unbekannten Sprache. Sie erleben, wie sich diese Begegnung zu einer Bereicherung für das eigenes Spiel entwickelt. Nicht zuletzt zeigt die Aktivgeschichte beispielhaft, wie Integration gelingen kann.

Praxisseiten

Die Kinder erfahren in vielfältigen Aktivitäten und Gesprächen zahlreiche Möglichkeiten, sich auszudrücken und etwas zu kommunizieren. Sie erwerben Wissen um andere Sprachen und lernen, dass viele Gegenstände unterschiedliche Namen haben können. Dabei üben sie ihre Ausdrucksfähigkeit im sprachlichen Bereich, aber auch die nonverbale Kommunikation über Körpersprache, Mimik und Gestik.

In einem Gespräch über fremde Sprachen (S. 14) können Kinder anknüpfend an die Aktivgeschichte ihre eigenen Erfahrungen mit anderen Sprachen einbringen. Sie reflektieren die Bedeutung von Sprache, erweitern ihren Wortschatz und üben ihre Kommunikationsfähigkeit. Die Infoseite (S. 15) bietet Ihnen die in der Aktivgeschichte verwendeten Wörter in weiteren sieben Sprachen, die es Ihnen ermöglichen, die Geschichte je nach Ihrer individuellen Gruppensituation anzupassen und zu variieren. Im Rollenspiel (S. 16) üben sich die Kinder im Miteinander, indem sie sich in anderen Sprachen begrüßen. Sie erfahren dabei, dass es nicht einfach ist, fremde Wörter richtig auszusprechen. Wie es ist, wenn ein Kind aus einem anderen Land kommt und die Sprache nicht versteht, erfahren die Kinder, indem sie selbst eine Fantasiesprache erfinden. Dabei probieren sie aus, welche Rolle nonverbale Kommunikation beim Verstehen spielt (S. 17). Auch bei einer Pantomime lernen sie ihren Körper als Ausdrucksmittel kennen (S. 18). Ein Sprachspiel mit einer Drehscheibe (S. 19/20) trainiert spielerisch die Ausdrucksfähigkeit der Kinder und stärkt zugleich ihr Selbstvertrauen. Bei der Auseinandersetzung mit Symbolen geht es um das Verständnis, dass ein Wort

in Schrift übertragen werden kann (S. 21). Aktivitäten zu Vornamen (S. 22) heben die Einzigartigkeit der Kinder hervor und eine Namen-Rhythmik (S. 23) schult das Sprachgefühl und die auditive Wahrnehmung.

Die Kinder erweitern nicht nur ihren Wortschatz, sondern auch ihr Sachwissen, indem sie sich mit der Ernte im Herbst auseinandersetzen (S. 24). Sie vertiefen spielerisch ihr Wissen mithilfe der Kinderseite „Erntezeit" (S. 28). Die Gestaltungsvorlage (S. 25) dient zur Vertiefung der Kenntnisse der Obst- und Gemüsesorten, kann in zweifacher Ausfertigung aber auch als Memory verwendet werden. Ein herbstliches Lied (S. 26) mit einem dazugehörigen Singspiel (S. 27) können bei einem Herbst- oder Erntedankfest zum Einsatz kommen.

Im Planen und Vorbereiten der Veranstaltung „Unser Herbst-Café" (S. 29) sammeln die Kinder Erfahrungen und lernen eigene Ideen einzubringen. Dazu stellen sie eine passende Tischdekoration her (S. 31). Die Kinder lernen bei der Auswahl, Zubereitung und beim Einkauf der Speisen für das Café, sich auszudrücken und ihre Ideen zu kommunizieren (S. 32). Das stärkt ihr Selbstbewusstsein und ihre Selbstständigkeit. Die Gestaltung einer Speisekarte vermittelt den Kindern die Bedeutung von Symbolen als eine gemeinsame Sprache (S. 33).

Lösung

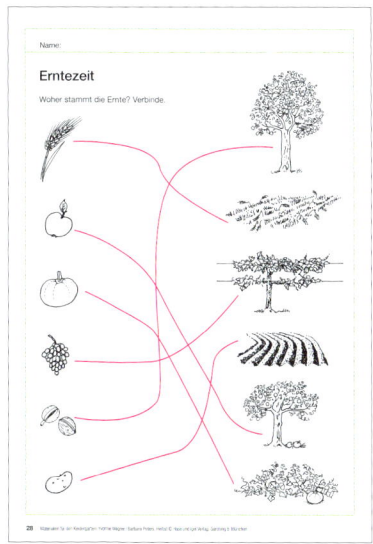

Seite 28

Aktivgeschichte: Das Herbst-Café

Im Kindergarten haben Pauline, Nils, Bente und Ida
ein neues Spiel erfunden: Sie spielen Herbst-Café.
Sie haben den Tisch in der Puppenecke mit Herbstblättern,
Zweigen und bunten Servietten geschmückt
und eine Speisekarte gezeichnet.

Ida und Bente sitzen schon am Tisch.
Der Kellner Nils reicht ihnen die Speisekarte,
die wirklich toll aussieht.
Es gibt Apfelkuchen, Pflaumenkuchen, Nusskuchen und Kürbisbrot.

„Kürbis" mitsprechen　　Für das Kürbisbrot hat Bente einen orangefarbigen **Kürbis**
　　　　　　　　　　　auf die Speisekarte gemalt.

„Apfel" mitsprechen　　Für den Apfelkuchen hat Pauline einen roten **Apfel** gemalt.
„Pflaume" mitsprechen　　Für den Pflaumenkuchen hat Nils eine blaue **Pflaume** gezeichnet
„Nuss" mitsprechen　　und für den Nusskuchen ist die braune **Nuss** von Ida.

Jetzt kommt Pauline in das Café.
„Hallo!" mitsprechen　　Sie sagt: **„Hallo!"**, und setzt sich.
„Hallo!" mitsprechen　　Die anderen Café-Gäste antworten höflich: **„Hallo!"**
„Hallo!" mitsprechen　　Auch der Kellner Nils begrüßt Pauline: **„Hallo!"**

Bente schiebt die Speisekarte zu Pauline, damit sie sich etwas
aussuchen kann. Er weiß schon, was er essen möchte.
Pauline entscheidet sich sofort:
Ihr Lieblingskuchen ist Pflaumenkuchen.
„Pflaume!" mitsprechen　　Deshalb zeigt sie auf die blaue **Pflaume**.
　　　　　　　　　　　Nils nickt.

Bente bestellt sich etwas von dem **leckeren** Kürbisbrot.

Er zeigt auf den orangefarbigen **Kürbis**.

Ida überlegt: Soll sie Apfelkuchen bestellen? Nein!
Der Nusskuchen schmeckt bestimmt besonders gut.
Idas Zeigefinger tippt auf die braune **Nuss**.

Emre schaut schon eine ganze Weile zu,
wie Bente, Nils, Ida und Pauline spielen.
Emre ist neu im Kindergarten.
Seine Familie ist erst vor Kurzem aus der Türkei
nach Deutschland gezogen.
Deshalb kennt er nur wenige deutsche Wörter.
Aber er möchte so gerne mitspielen.

Ein Platz am Tisch im Herbst-Café ist noch frei.
Emre setzt sich neben Pauline.
Er lacht und sagt auf Türkisch *hallo!*: **„Merhaba!"**
Ida schaut Bente verdutzt an.
„Ich glaube, das heißt *hallo!*", flüstert Bente.
„Ach so!", lacht Ida
und dann begrüßen sie zusammen Emre: **„Merhaba!"**

Nils kommt und bringt den Kuchen und das Kürbisbrot
für Pauline, Ida und Bente.
„Bitte sehr!", sagt er und stellt die Teller auf den Tisch.
„Danke!", antworten die drei.

Dann gibt Nils Emre die Speisekarte, damit er sich auch etwas
aussuchen kann.
Emre schaut sich in aller Ruhe an, was es in diesem Café gibt.
Er entdeckt den orangefarbigen Kürbis
und ruft: **„Kabak!"**
Er schaut sich den roten Apfel an
und murmelt: **„Elma."**
Als Emre die blaue Pflaume sieht,
lacht er und sagt: **„Erik!"**

Aber dann zeigt er auf die braune Nuss und schüttelt sich.
Er zieht eine **Grimasse** und alle Kinder können sehen,
dass Emre keine Nüsse mag.
Emre ruft: **„Fındık!** Nein! Nein!"

Und dann weiß Emre, was er gerne essen möchte:
Er will ein Stück Apfelkuchen haben.

*„Mmh!" sagen und über den
Bauch streichen*
„Kürbis" mitsprechen

„Nuss" mitsprechen

„Merhaba!" mitsprechen

„Merhaba!" mitsprechen

„Bitte sehr!" mitsprechen
„Danke!" mitsprechen

„Kabak" mitsprechen

„Elma" mitsprechen

„Erik" mitsprechen

das Gesicht verziehen

„Fındık" mitsprechen

Sprache und Literacy

„Elma" mitsprechen

Deshalb tippt er mit dem Finger auf den roten Apfel und bestellt: **„Elma."**

Als Nils den Teller für Emre bringt, ist er sehr stolz.
Er kennt nämlich das türkische Wort für *bitte sehr* schon!

„Buyur!" mitsprechen
„Sağ ol!" mitsprechen

Nils stellt den Teller auf den Tisch und sagt: **„Buyur!"**
„Sağ ol!", antwortet Emre und tut so,
als ob er leckeren Apfelkuchen isst.
Er leckt sich die Lippen, streicht sich über den Bauch

„Mmh!" sagen und über den Bauch streichen

und sagt: **„Mmh!"**

„buyur!" mitsprechen

„Toll!", sagt Ida zu Pauline. „Jetzt kann ich ein bisschen Türkisch!
Jetzt weiß ich, *bitte sehr* auf Türkisch heißt **buyur!"**
„Ich kann auch schon türkisch sprechen! Ich weiß nämlich,

„sağ ol!" mitsprechen

dass *danke!* auf Türkisch **sağ ol!** heißt!", freut sich Pauline.

Nun bezahlen Pauline, Ida und Bente bei Nils ihren Kuchen.

„Auf Wiedersehen!"
mitsprechen

Dann stehen sie auf, sagen: **„Auf Wiedersehen!"**

mitsprechen
winken
winken

und verlassen das Café.
Nils antwortet: **„Auf Wiedersehen!"**
und **winkt** seinen Gästen hinterher.
Auch Emre **winkt**,
aber er ruft nicht *auf Wiedersehen!*

„Hoşça kal!" mitsprechen

Er ruft: **„Hoşça kal!"**

Das Spiel macht den Kindern viel Spaß.
Jeder ist einmal der Kellner.

Nach einer Weile hat Bente eine besonders tolle Idee.
„Unser Café ist jetzt wohl ein türkisches Café!", ruft er aufgeregt.
„Emre soll der Kellner sein und wir sprechen einfach alle
nur Türkisch. Das ist doch gar nicht schwierig!"
Alle Kinder finden Bentes Idee toll.

Pauline übt schnell noch ein wenig, Türkisch zu sprechen.
Sie flüstert die Worte, die sie gelernt hat, vor sich hin:

„hoşça kal!" mitsprechen
„sağ ol!" mitsprechen
„buyur!" mitsprechen
„elma" mitsprechen
„erik" mitsprechen
„kabak" mitsprechen
„fındık" mitsprechen
„merhaba!" mitsprechen

„Auf Wiedersehen! heißt **hoşça kal!**
Danke! heißt **sağ ol!**
Bitte sehr! heißt **buyur!**
Apfel heißt **elma**.
Pflaume heißt **erik**.
Kürbis heißt **kabak**.
Nuss heißt **fındık**
und *hallo!* heißt **merhaba!"**

Bente betritt als Erster das türkische Herbst-Café.
Er setzt sich an den Tisch und ruft laut: „Hoşça kal!"
Emre, der gerade die Speisekarte bringen wollte,
bleibt lachend stehen und antwortet winkend: „Hoşça kal!"
Bente sieht ziemlich verdutzt aus. Warum winkt Emre?
„Du hast *auf Wiedersehen!* gesagt!", erklärt Ida.
„Ach so", murmelt Bente.

Dann sagt er auf Türkisch *hallo!*: **„Merhaba!"**
Emre antwortet: **„Merhaba!"**,
und reicht Bente die Speisekarte.

„Merhaba!" mitsprechen
„Merhaba!" mitsprechen

Das Spiel ist toll.
Immer mehr Kinder der Kindergartengruppe
besuchen das türkische Herbst-Café und bestellen auf Türkisch.
Das ist gar nicht schwierig.
Wer Apfelkuchen haben möchte,
sagt: **„Elma."**
Wenn jemand Pflaumenkuchen essen will,
bestellt er: **„Erik."**
Die Kinder, die Nusskuchen mögen,
sagen: **„Fındık."**
Und manche Kinder bestellen sich leckeres Kürbisbrot: **„Kabak."**

„Elma" mitsprechen

„Erik" mitsprechen

„Fındık" mitsprechen
„Kabak" mitsprechen

Als am Nachmittag die Eltern zum Abholen kommen,
begrüßt Pauline ihre Mama auf Türkisch: **„Merhaba!"**
Paulines Mama ist erstaunt.
„Seit wann sprichst du Türkisch?", fragt sie.
Pauline erklärt: „Das haben wir von Emre gelernt!"
Und Ida ruft: „Emre ist nämlich ein toller Türkischlehrer!"

„Merhaba!" mitsprechen

> Eine Übersicht zur Aussprache der türkischen Wörter
> sowie Varianten für weitere sieben Sprachen finden Sie
> auf Seite 15.

Sprache und Literacy

Thema:
Sprache

Kompetenzbereiche:
Wortschatz erweitern,
Kommunikationsfähigkeit üben

**Angrenzende
Bildungsbereiche:**
Forschen und entdecken,
Miteinander leben

Kinder:
10 – 15

Schwierigkeitsgrad:
★ ★ ★ ☆ ☆

Vorbereitung:
5 Min.

Aktivität:
15 Min.

Material:
Apfel, Pflaume, Nuss und
Kürbis als Anschauungs-
material oder Bilder davon
(S. 25)

Fremde Sprachen

Stellen Sie in einem an die Aktivgeschichte anknüpfenden Gespräch fremde Sprachen in den Mittelpunkt des Interesses. Dabei können die Kinder ihr Wissen einbringen und von Erlebnissen aus der Familie, im Bekanntenkreis oder im Urlaub berichten.

So geht's:

- Erinnern Sie die Kinder an den Jungen Emre aus der Aktivgeschichte und lassen Sie sie berichten, was sie über ihn erfahren. Vielleicht gibt es in der Gruppe Kinder, die erzählen möchten, wie man sich fühlt, wenn man neu in eine Gruppe kommt.

- Sprechen Sie auch an, dass Emre nur wenig Deutsch spricht. Lassen Sie die Kinder von ihren Erfahrungen berichten, die sie bereits mit fremden Sprachen gemacht haben:

  – Wo und in welcher Situation seid ihr schon einmal Menschen begegnet, die kein oder kaum Deutsch sprechen? Im Kindergarten, in der Familie? Im Urlaub?

  – Was ist Sprache? Warum ist Sprache wichtig?

  – Welche Sprachen kennt ihr?

  – Wie kann man sich verständigen, wenn man nicht die gleiche Sprache spricht?

  – Warum gibt es unterschiedliche Bezeichnungen für Dinge?

  – Wie könnten verschiedene Sprachen entstanden sein?

- Legen Sie nun das vorbereitete Obst vor die Kinder und fragen Sie nach den Begriffen aus der Aktivgeschichte. Welche Sprache ist das?

- Kennen die Kinder für einzelne Begriffe auch das Wort in einer weiteren Sprache?

- Doch Dinge haben nicht nur in verschiedenen Sprachen unterschiedliche Namen, sie können auch in einer Sprache verschieden bezeichnet werden, wie beispielsweise in der Hochsprache, Kindersprache oder im Dialekt: Wurzel und Möhre, Hund und Wau-wau. Sammeln Sie mit den Kindern entsprechende Begriffe.

Tipp:

Beziehen Sie bei diesem Angebot Kinder, die in ihrer Familie noch eine weitere Sprache sprechen oder zweisprachig aufwachsen, besonders aktiv mit ein.

Infoseite: Fremdwörter für die Aktivgeschichte

In der Aktivgeschichte wurde als Fremdsprache Türkisch gewählt. Je nach Herkunftsland der Kinder in Ihrer Gruppe können Sie die Geschichte mit einer anderen Sprache vortragen. Für weitere acht Sprachen finden Sie hier die Begriffe und die dazugehörige Aussprache in eckigen Klammern.

	Englisch	Französisch	Italienisch	Spanisch
Kürbis	pumpkin ['pampkin]	courge [kursch]	zucca ['suka]	calabaza [kalabaӨa]
Apfel	apple ['äpl]	pomme [pom]	mela ['mela]	manzana [manӨana]
Pflaume	plum [plam]	prune [prün]	prugna ['prunja]	ciruela [Өi'rwela]
Nuss	walnut ['wolnat]	noix [noa]	noce ['nodsche]	nuez [nweӨ]
Hallo!	Hello! [hel'lou]	Salut! [ßa'lü]	Ciao! [tschau]	¡Hola! ['ola]
Bitte sehr!	Here you are! ['hi-e ju 'aa]	Voilà! [voa'la]	Prego! ['prego]	¡Tome! [tome]
Danke!	Thanks! ['Ӫänks]	Merci! [mer'ßi]	Grazie! ['gratsie]	¡Gracias! ['graӨjas]
Auf Wiedersehen!	Good bye! [gud'bai]	Au revoir! [o rövoar]	Arrivederci! [arrive'dertschi]	¡Adiós! [a'dios]

	Polnisch	Serbokroatisch	Türkisch	Ungarisch
Kürbis	dynia ['dünja]	bundeva ['bundeva]	kabak ['kabak]	tök [tök]
Apfel	jabłko ['jabuko]	jabuka [jabu'ka]	elma ['elma]	alma ['olma]
Pflaume	śliwka ['schlivka]	šljiva [schlji'va]	erik ['erik]	szilva ['ßilva]
Nuss	orzech ['oschech]	oras ['oras]	fındık ['findik]	'dió ['dioo]
Hallo!	Cześć! [tschesch]	Zdravo! [zdravo]	Merhaba! [mer'haba]	Szía! ['ßia]
Bitte sehr!	Proszę! ['prosche]	Molim! ['molim]	Buyur! ['buyur]	Tessék! ['täschschek]
Danke!	Dziękuję! [dschien'kuje]	Hvala! ['hvala]	Sağ ol! [sa'ol]	Köszönöm! ['kößönöm]
Auf Wiedersehen!	Do widzenia! [do wi'dzenia]	Doviđenja! [dovid'schenja]	hoşça kal ['hoschtscha kal]	Viszontlátásra! ['wißontlatasro]

Die Beschreibung der Aussprache folgt keinem Lautschriftsystem, sondern es wird versucht, sie anhand deutscher Buchstaben zu vermitteln. Der Apostroph kennzeichnet, dass die folgende Silbe betont wird. Ӫ bezeichnet ein gelispeltes s.

Sprache und Literacy

Thema:
Begrüßung

Kompetenzbereiche:
Sprechfreude entwickeln,
Kommunikationsfähigkeit üben

**Angrenzende
Bildungsbereiche:**
Kreativität und Musik,
Miteinander leben

Kinder:
3–5

Schwierigkeitsgrad:
★ ★ ★ ★ ☆ ☆

Vorbereitung:
–

Aktivität:
10–20 Min.

Material:
Infoseite S. 15

Begrüßung in anderen Sprachen

Im Spiel setzen sich Kinder mit Themen auseinander, die sie beschäftigen, verarbeiten Erlebnisse und üben sich im Miteinander. Wie in der Aktivgeschichte können die Kinder im Rollenspiel andere Sprachen ausprobieren. Eine Möglichkeit ist es, sich in verschiedenen Sprachen zu begrüßen und zu verabschieden. Beziehen Sie bei dieser Aktivität auch Kinder mit ein, die Erfahrung mit Fremdsprachen haben. Die Kinder können dabei erfahren, dass es nicht einfach ist, fremde Wörter richtig auszusprechen.

So geht's:

- Mehrere Kinder, die z. B. eine zweite Muttersprache haben, mehrsprachig aufwachsen, Verwandtschaft im Ausland haben oder bereits öfter im Ausland waren, bilden eine Kleingruppe.

- Begeben Sie sich mit den Kindern in eine Puppenecke, Kinderküche o. Ä., wo sich ein Rollenspiel entwickeln kann.

- Lassen Sie die Kinder von ihren Erfahrungen berichten und sammeln Sie Wörter und feststehende Floskeln (z. B. Begrüßung, Verabschiedung) aus anderen Sprachen, die die Kinder bereits kennen. Die Infoseite (S. 15) bietet Ihnen dafür eine Übersicht in acht verschiedenen Sprachen.

- Schlagen Sie vor, sich in anderen Sprachen zu begrüßen oder zu unterhalten.

- Zeigen Sie, was Sie meinen: Gehen Sie auf ein Kind zu, geben Sie ihm die Hand und sagen Sie z. B. auf Englisch: „Good morning."

- Ausgehend von den gesammelten Wörtern und ihrem Wissen über Sprachen können die Kinder nun ein Rollenspiel fortführen. Selbstverständlich ist es auch möglich, Sprachen zu vermischen oder notfalls Fantasiewörter zu erfinden.

- Ziehen Sie sich baldmöglichst aus der Spielsituation heraus und geben Sie den Kindern Zeit, weiterzuspielen.

- Reflektieren Sie im Anschluss an das Rollenspiel mit den Kindern kurz ihre Erfahrungen während des Spiels.

Unsere eigene Sprache erfinden

In der Aktivgeschichte lernen die Kinder einige Wörter in einer für sie fremden Sprache kennen. Allerdings wäre es für die Kinder schwierig, die Bedeutung der fremden Wörter herauszufinden, wenn sie diese nicht aus dem Zusammenhang erkennen könnten. In einem solchen Fall helfen Mimik, Gestik und Körpersprache weiter.

Die folgende Aktivität bietet Kindern die Möglichkeit, selbst zu erfahren, wie es sich anfühlt, in einer fremden Sprache angesprochen zu werden oder jemand anderen in einer ihm fremden Sprache anzusprechen. Die Kinder erfinden hierzu für einige Begriffe selbst Fantasiewörter, sozusagen eine eigene Sprache, und versuchen mit diesen Wörtern zu kommunizieren.

So geht's:

* Erinnern Sie die Kinder an die Aktivgeschichte und wie sich der türkische Junge Emre mit seiner Sprache in das Rollenspiel einbringt. Wie kann er verstehen, was die Kinder meinen, und wie können die Kinder seine Sprache verstehen?

* Machen Sie den Vorschlag, eine eigene Sprache zu erfinden und zu beobachten, wie andere Kinder auf diese Wörter reagieren.

* Legen Sie gemeinsam mit den Kindern einige Begriffe fest, für die sie sich neue Wörter überlegen sollen, z. B. Hallo, Auf Wiedersehen, bitte, danke, bitte sehr, essen, trinken.

* Nun erfinden sie für jeden Begriff jeweils ein Wort, das einfach zu sprechen ist und das sich vor allem alle Kinder der Kleingruppe leicht merken können, also z. B. besser „warhunta" als „brobsbüttlwitto".

* Geben Sie den Kindern Tipps, worauf sie achten sollen, wenn sie andere Kinder mit ihren Fantasiewörtern ansprechen, z. B.:

   – Wie fühlt es sich an, ein Wort in einer Sprache zu sagen, die das andere Kind nicht versteht?

   – Wie sieht mich das andere Kind dabei an?

   – Wie kann ich dem anderen Kind zeigen, was ich meine, auch wenn es das Wort nicht versteht?

* Die Kinder der Kleingruppe haben nun ein bis zwei Tage Zeit, um andere Kinder in der Fantasiesprache anzusprechen und zu versuchen, sich mit ihnen zu unterhalten.

* Reflektieren Sie anschließend die Erfahrungen der Kinder und thematisieren Sie dabei auch, wie es einem Kind ergeht, das aus einem anderen Land zu uns kommt und unsere Sprache nicht versteht bzw. diese nicht sprechen kann.

Tipp:

Erstellen Sie für jedes Kind eine Portfolioseite, auf der die Erfahrungen und Rückschlüsse, die es bei der Reflexion nennt, dokumentiert werden.

Thema:
Fantasiesprache

Kompetenzbereiche:
Sprechfreude entwickeln,
Wortschatz erweitern

Angrenzende Bildungsbereiche:
Forschen und entdecken,
Miteinander leben

Kinder:
5–7

Schwierigkeitsgrad:
★ ★ ★ ☆ ☆ ☆

Vorbereitung:
–

Aktivität:
10 Min.

Material:
Papier und Stift

Sprache und Literacy

Thema:
Pantomime

Kompetenzbereiche:
Kreativität entfalten, Kommunikationsfähigkeit entwickeln

Angrenzende Bildungsbereiche:
Kreativität und Musik, Miteinander leben, Körper, Bewegung und Gesundheit

Kinder:
3–5

Schwierigkeitsgrad:
★ ★ ★ ☆ ☆

Vorbereitung:
–

Aktivität:
10 Min.

Material:
–

Sprache verstehen ohne zu sprechen

Sprache ist ein sehr direktes Mittel, um Gedanken und Gefühle auszudrücken und anderen etwas mitzuteilen. Beim Pantomime-Spiel lernen die Kinder, ihren Körper als Ausdrucksmittel kennen. Sie machen die Erfahrung, dass es wesentlich schwieriger sein kann, sich über den Körper verständlich zu machen als durch Sprechen.

So geht's:

- Erinnern Sie die Kinder an die Aktivgeschichte und fragen Sie, wie sich Emre und die Kinder miteinander hätten verständigen können, wenn ihnen die Bedeutung der Wörter nicht aus dem Zusammenhang klar geworden wäre.

- Schlagen Sie nun ein Spiel vor, bei dem die Kinder, ohne zu sprechen und ohne Geräusche, einen Begriff nur mit ihren Händen, Füßen, ihrem Körper sowie ihrem Gesicht darstellen sollen.

- Flüstern Sie nun einem Kind einen Begriff ins Ohr oder gehen Sie mit dem Kind kurz vor die Tür, um ihm den Begriff zu nennen und kurz zu erklären. Beim Begriff „Apfel" kann das Kind beispielsweise das Pflücken oder das Schälen und Essen darstellen.

- Das Kind spielt den Begriff nun den übrigen Kindern vor.

- Wer den Begriff errät, ist als Nächster mit einer Pantomime dran.

Tipp:

Wählen Sie Begriffe, die zur Aktivgeschichte (Kürbis, Nuss, Pflaume), zur Jahreszeit (im Herbst z. B. Laub, Drachen, Laterne) oder zu einem gerade aktuellen Thema passen. Selbstverständlich sind auch alltägliche Tätigkeiten wie einen Tisch decken, ein Getränk eingießen usw. möglich.

Variante:

Das Spiel kann auch mit zwei Mannschaften gegeneinander gespielt werden. Es gibt dann für jeden erratenen Begriff einen Punkt. Nach einer festgelegten Anzahl an Runden werden die Punkte gezählt. Die Gruppe, die mehr Punkte hat, ist Sieger.

Sprachspiel

Die Kinder haben durch zahlreiche Aktivitäten und Gespräche erfahren, dass es viele Möglichkeiten gibt, sich auszudrücken und etwas zu kommunizieren. Sie wissen bereits, dass es unterschiedliche Sprachen gibt und so ein einziger Gegenstand viele Namen erhält. Bei diesem Spiel können die Kinder ihr Wissen auf unterhaltsame Art vertiefen. Zugleich üben sie, sich etwas zuzutrauen. Dies stärkt das Selbstwertgefühl und schafft Selbstvertrauen.

So geht's:

- Bereiten Sie mithilfe der Kinder die Drehscheibe und die Karten vor:

  - Die Kinder malen die Bilder bunt aus, kleben die Seite auf festen Pappkarton und schneiden den Kreis, den Pfeil und die Karten aus.

  - Durchstechen Sie die Kreismitte und den Kreis im Pfeil mit der Schere.

  - Stecken Sie eine Musterbeutelklammer von oben zunächst durch den Pfeil und dann durch die Scheibe und biegen Sie die beiden hinteren Enden so um, dass sich der Pfeil noch locker bewegt.

- Alle Mitspieler versammeln sich im Kreis z. B. um einen Tisch.

- Besprechen Sie gemeinsam die Drehscheibe, die verschiedene Möglichkeiten sich auszudrücken zeigt: Kopf = Mimik, zwei Hände = Gestik, Kind = Pantomime, Stift = Zeichnen, Weltkugel = andere Sprache.

- Da nicht jedes Kind die Begriffe in einer anderen Sprache sagen kann, vereinbaren Sie gemeinsam, was dann zu tun ist: z. B. nochmals drehen oder eine beliebige andere Darstellungsmöglichkeit wählen.

- Die Karten mit verschiedenen Begriffen, die die Kinder darstellen sollen, werden verdeckt auf einen Stapel gelegt.

- Ein Kind nimmt eine Karte, sodass die Mitspieler nicht sehen, was darauf ist, und merkt sich den Begriff. Dann nimmt es die Scheibe in die Hand und dreht den Pfeil.

- Nun versucht das Kind, den abgebildeten Begriff wie von der Drehscheibe vorgegeben darzustellen, bis ihn die anderen erraten.

- Spielen Sie mit den Kindern gemeinsam und lassen Sie ihnen dabei viel Zeit zum Ausprobieren.

Tipps:

- Das Spiel kann auch mit zwei Mannschaften gespielt werden.

- Für weitere Begriffe können die Kinder aus Zeitschriften und Werbeprospekten Bilder ausschneiden und Karten erstellen.

Variante:

Statt der Drehscheibe können Sie gemeinsam mit den Kindern ein Spielbrett herstellen, auf dem es verschiedene Felder mit Symbolen gibt, die die jeweilige Aktivität beschreiben, z. B. Strichmännchen für Pantomime. Die Kinder würfeln und rücken mit einem Spielstein vorwärts. Sie nehmen dann eine Karte auf und stellen den abgebildeten Begriff entsprechend dar.

Thema:
Kommunikation

Kompetenzbereiche:
Sprechfreude entwickeln, Wahrnehmung weiterentwickeln

Angrenzende Bildungsbereiche:
Kreativität und Musik, Miteinander leben, Körper, Bewegung und Gesundheit

Kinder:
3–5

Schwierigkeitsgrad:
★ ★ ★ ★ ☆ ☆

Vorbereitung:
–

Aktivität:
5 Min. (Drehscheibe erstellen), 15 Min. (Spiel)

Material:
Kopie der Gestaltungsvorlage S. 20, Buntstifte, Klebstoff, Pappkarton, Schere, Musterbeutelklammer, Bleistift und Papier

Sprache und Literacy

Gestaltungsvorlage: Drehscheibe

✂

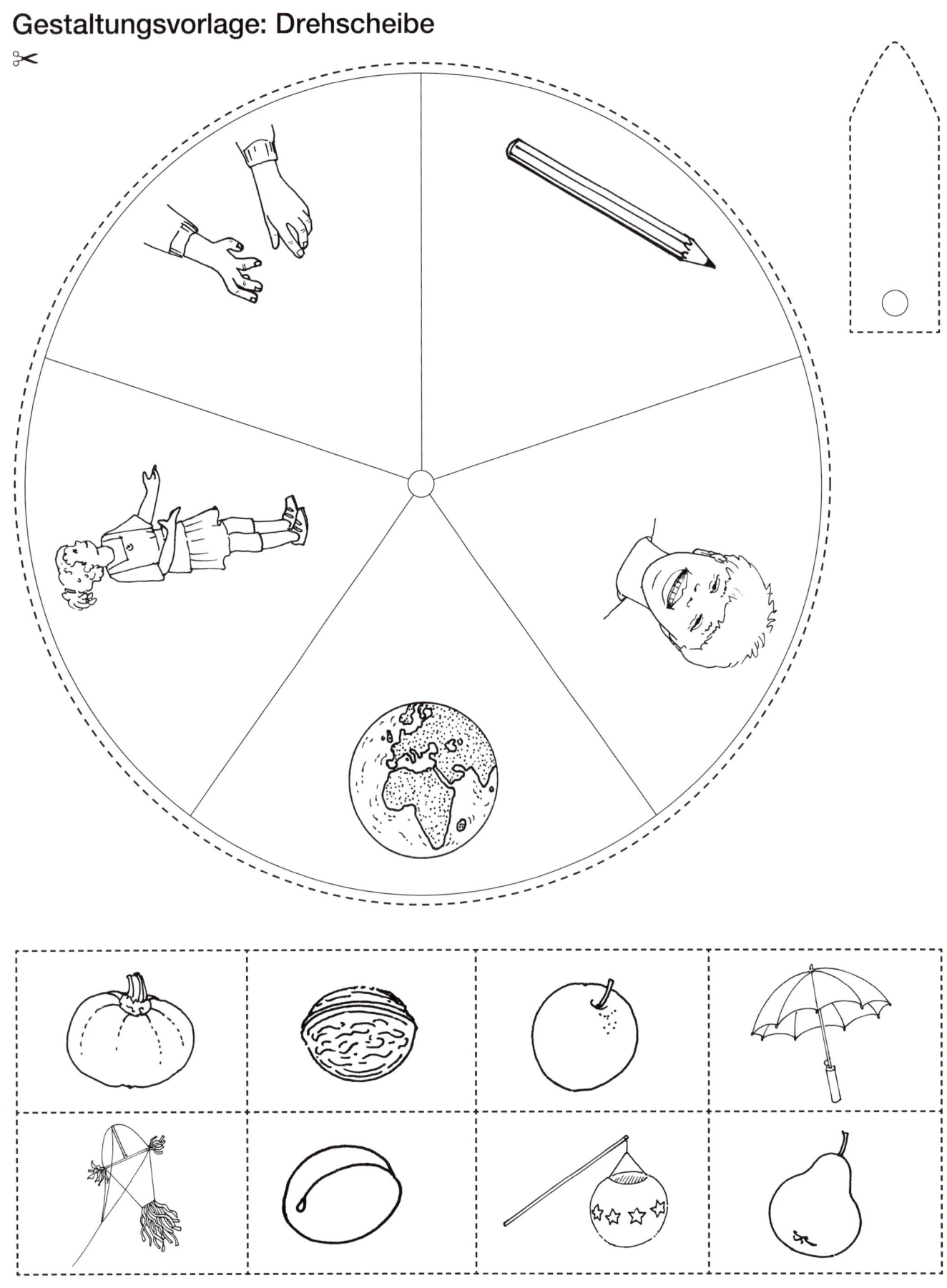

Von der Sprache zur Schrift

Anknüpfend an die Aktivgeschichte, in der die Kinder die Speisekarte mit Bildern gestalten, steht bei diesem Angebot die Schrift im Mittelpunkt. Schon bevor Kinder in die Schule gehen, interessieren sie sich für Buchstaben und die Bedeutung dieser Zeichen. Das gegenseitige Zuordnen von Sprache und Schrift ist für Vorschulkinder ein wichtiger Prozess, weil er das Lesen- und Schreibenlernen vorbereitet.

So geht's:

- Erinnern Sie die Kinder an die Aktivgeschichte und die Speisekarte, die die Kinder mit Bildern gestaltet haben.

- Legen Sie den Kindern Bildkarten der genannten Früchte (siehe S. 25) vor und schreiben Sie die entsprechenden Wörter in Großbuchstaben auf. Welchen Vorteil haben die Bilder im Vergleich zu einer geschriebenen Speisekarte? Gibt es auch Nachteile?

- Lassen Sie die Kinder von Erfahrungen berichten, die sie mit Schrift bereits gemacht haben, z.B. mit Adressen, Straßenschildern, Wegweisern oder Speisekarten. Wo werden manchmal auch Bilder oder bildhafte Symbole eingesetzt?

- Fragen Sie die Kinder, ob sie schon Buchstaben (evtl. die ihres Vornamens) kennen und lassen Sie sie aufschreiben und miteinander vergleichen. Achten Sie beim Sprechen einzelner Buchstaben darauf, immer nur den dazugehörigen Laut zu nennen, also z.B. „b" statt „be" und „k" statt „ka".

- Schreiben Sie den Namen jedes Kindes in Großbuchstaben auf und sprechen Sie die Namen Laut für Laut langsam und deutlich vor.

- Die Kinder schreiben ihren Namen nun auf ein Blatt Papier groß ab. Dabei ist es egal, wie genau sie die Buchstaben übertragen. Es geht vor allem um die Auseinandersetzung mit den Symbolen und das Verständnis, dass ein Wort in eine Schrift übertragen werden kann.

- Wenn die Kinder weitere Wörter schreiben wollen, können Sie diese ebenfalls vorschreiben. Wenn sie ein passendes Bild dazumalen, können alle Kinder das Wort verstehen.

- Zum Abschluss hängen die Kinder ihre selbst geschriebenen Plakate auf.

Tipp:

Im Anschluss an diese Aktivität eignen sich die Angebote zum Thema „Vornamen" (siehe S. 22/23).

Thema:
Schrift

Kompetenzbereiche:
Symbole deuten, Buchstaben kennenlernen

Angrenzende Bildungsbereiche:
Forschen und entdecken, Miteinander leben

Kinder:
3–5

Schwierigkeitsgrad:
★ ★ ★ ☆ ☆

Vorbereitung:
5 Min.

Aktivität:
10 Min.

Material:
Bildkarten von S. 25

Material pro Kind:
Papier, Buntstifte oder Wachsmalkreiden

Sprache und Literacy

Thema:
Vornamen

Kompetenzbereiche:
Buchstaben kennenlernen,
Symbole deuten

Angrenzender Bildungsbereich:
Miteinander leben

Kinder:
3–5

Schwierigkeitsgrad:
★★★☆☆

Vorbereitung:
5 Min.

Aktivität:
10 Min.

Material:
großes Plakat, Buntstifte

Material pro Kind:
Papier und Buntstifte

Mein Name

So wie jeder Gegenstand eine bestimmte Bezeichnung hat, hat auch jeder Mensch einen Namen. Diese Aktivität stellt die Vornamen der Kinder in den Mittelpunkt der Betrachtung. Es wird dabei herausgestellt, dass jedes Kind in seiner Art einzigartig und wertvoll ist.

So geht's:

- Bezugnehmend auf die Aktivgeschichte wiederholen Sie gemeinsam mit den Kindern Begriffe in verschiedenen Sprachen für z. B. Apfel, Nuss, Pflaume und Kürbis. Erarbeiten Sie mit den Kindern, dass es für alle Gegenstände Bezeichnungen gibt.

- Regen Sie die Kinder nun an darüber nachzudenken, wie Menschen ihren Namen bekommen. Wann bekommt man einen Namen? Wer wählt den Namen aus?

- Vielleicht wissen die Kinder, wieso ihre Eltern ihren Namen ausgewählt haben und können dazu etwas erzählen. Ansonsten können sie zu Hause nachfragen.

- Jedes Kind zeichnet nun den Umriss seiner Hand auf ein großes Plakat und Sie schreiben anschließend den Vornamen des jeweiligen Kindes in Großbuchstaben hinein.

- Sammeln Sie Besonderheiten zu Vornamen, die den Kindern auffallen: Von manchen Namen gibt es eine männliche und eine weibliche Form (z. B. Johannes–Johanna), man kann Namen abkürzen (z. B. Magdalena – Lena), es gibt denselben Vornamen in verschiedenen Formen, die oft aus unterschiedlichen Sprachen stammen (z. B. Johannes – John – Jean – Jan – Janek – Yannick).

- Jedes Kind kann nun über sich ein Plakat gestalten, auf dem sein Vorname in der Mitte steht und es rundherum Dinge zeichnet, die zu ihm gehören, für es typisch oder ihm wichtig sind. Ggf. wird auch ein Foto des jeweiligen Kindes aufgeklebt.

Varianten:

- Betrachten Sie auch die Familiennamen der Kinder und erarbeiten sie mit den Kindern, dass er im Gegensatz zum individuellen Vornamen jeweils eine Gruppe zusammengehöriger Personen kennzeichnet.

- Erweitern Sie das Thema Namensgebung auf Tiere. Welche Tiere haben einen Namen? Von wem bekommen sie ihren Namen?

Tipp:

Jedes Kind kann ein eigenes Namensschild mit seinem Vornamen gestalten. Die Namensschilder können über einen begrenzten Zeitraum z. B. vor dem Mittagessen gemischt und verteilt werden, sodass die Kinder jeden Tag ihren Platz finden müssen und eine neue Sitzordnung entsteht.

Namen-Rhythmik

Rhythmisches Sprechen schult das Sprachgefühl und hilft den Kindern, Silben genau auszusprechen und als solche wahrzunehmen. Eine Begleitung mit Instrumenten trainiert die auditive Wahrnehmung zusätzlich, da die Kinder Sprache und Instrumente zwar gleichzeitig hören, aber voneinander unabhängig einordnen müssen.

So geht's:

- Alle Kinder sitzen im Kreis.

- Sprechen Sie zunächst den Text langsam und deutlich vor und machen Sie die entsprechenden Bewegungen vor:

Ein Kind spricht jeweils die Strophe:

Ich bin (Name), ja, so heiß ich!	Zeigen Sie mit beiden Zeigefingern auf sich.
Pimpi, pampi, pumpidu.	Im Takt einmal in die Hände klatschen, einmal auf die Oberschenkel patschen und zweimal in die Hände klatschen.
Sage mir, wie heißt denn du?	Bei „du" auf ein anderes Kind zeigen.

Den Refrain sprechen alle Kinder gemeinsam und klatschen im Rhythmus:

> Alle Kinder, alle Sachen haben einen Namen:
> Lise, Max und Petersil.
> Namen gibt es ganz schön viel!

- Die Kinder sprechen mit und prägen sich so allmählich den Text ein.

- Das angesprochene Kind spricht nun die Strophe und setzt seinen Namen ein. Auf diese Weise kommt jedes Kind im Kreis einmal an die Reihe.

- Sind die Kinder in Text und Rhythmus sicher, können sie Instrumente hinzunehmen. Bei „Pimpi, pampi, pumpidu" und beim Refrain spielen sie nun den Rhythmus mit und probieren aus, wie sich die Instrumente einfügen. Achten Sie darauf, dass die Instrumente nicht zu laut geschlagen werden und der Text noch verständlich ist.

- Sprechen Sie mit den Kindern ab, wie die Begleitung abläuft: Es spielt z. B. immer nur ein Instrument bei der Strophe mit und beim Refrain mehrere oder alle. Probieren Sie verschiedene Varianten aus.

Variante:

Bei einer großen Gruppe kann die eine Hälfte der Kinder den Text sprechen und die andere Hälfte mit Rhythmusinstrumenten begleiten.

Thema:
Vornamen

Kompetenzbereiche:
Rhythmusinstrumente kennenlernen, Sprechfreude entwickeln

Angrenzender Bildungsbereich:
Kreativität und Musik

Kinder:
8–10

Schwierigkeitsgrad:
★ ★ ★ ☆ ☆

Vorbereitung:
5 Min.

Aktivität:
15 Min.

Material:
verschiedene Rhythmusinstrumente (z. B.: Tamburin, Triangel, Rassel, Klanghölzer, kleine Trommel, Xylophon mit zwei oder drei Tönen, Zungentrommel)

Sprache und Literacy

Thema:
Ernte

Kompetenzbereiche:
Wortschatz und Sachwissen
erweitern

**Angrenzender
Bildungsbereich:**
Forschen und entdecken

Kinder:
10 – 15

Schwierigkeitsgrad:
★ ★ ☆ ☆ ☆

Vorbereitung:
5 Min.

Aktivität:
10 Min.

Material:
Äpfel, Pflaumen, Nüsse, Kürbis
und weiteres Obst und
Gemüse, das im Herbst
geerntet wird, evtl. Getreide,
Kärtchen der Gestaltungs-
vorlage S. 25

Ernte im Herbst

Im Herbst-Café der Aktivgeschichte gibt es zum Herbst passende Kuchen
mit Äpfeln, Pflaumen und Nüssen sowie Kürbisbrot. Die Kinder lernen
verschiedene Obst- und Gemüsesorten kennen und erfahren, was bei uns
im Herbst geerntet wird.

So geht's:

- Erinnern Sie die Kinder an die Aktivgeschichte und fragen Sie sie nach
  den dort angebotenen Speisen: Apfelkuchen, Pflaumenkuchen, Nusskuchen und Kürbisbrot.

- Legen Sie verschiedene Obst- und Gemüsesorten in die Mitte. Die Kinder
  wählen nun die Zutaten der genannten Speisen aus und benennen sie.
  Lassen Sie sie auch die Namen der anderen Früchte nennen. Vielleicht
  wollen die Kinder die Früchte auch nach Obst und Gemüse unterscheiden.

- Die Kinder erzählen nun frei, was ihnen zu den Früchten einfällt: Ob sie
  diese schon einmal gegessen haben und ob sie ihnen geschmeckt
  haben.

- Regen Sie nun die Kinder an, über die Herkunft dieser Früchte genauer
  nachzudenken. Folgende Fragen dienen dabei als Anregung:

  – Woher stammen diese Früchte?

  – Wo und wie wachsen sie? (in Gärten, auf Feldern, an Bäumen, in der
    Erde …)

  – Wann und wie werden sie geerntet?

  – Wer erntet diese Früchte und was geschieht dann damit?

  – Was können wir aus Obst, Gemüse und Getreide herstellen?

- Stellen Sie abschließend heraus, dass viele Früchte über den Sommer
  heranreifen und im Herbst geerntet werden.

Tipps:

- Verarbeiten Sie die mitgebrachten Früchte gemeinsam mit den Kindern
  zu leckeren Gerichten (siehe S. 104 – 106) oder bieten Sie sie als Rohkost
  zur Zwischenmahlzeit an.

- Bieten Sie den Kindern zur Vertiefung der Obst- und Gemüsesorten die
  Bilder der Gestaltungsvorlage an: Sie gestalten das Obst und Gemüse
  farbig und benennen es. In zweifacher Ausfertigung können die Karten für
  eine Memoryspiel verwendet werden.

- Auf der Kinderseite „Erntezeit" (S. 28) können die Kinder ihr Wissen zur
  Herkunft einiger Herbstfrüchte erweitern.

Gestaltungsvorlage: Obst und Gemüse

✂

Sprache und Literacy

Lied: Im Herbst

Text und Melodie: Yvonne Wagner

2. … grüne Birnen …
3. … blaue Pflaumen …
4. … einen Kürbis …
5. … viele Nüsse …
6. … süße Trauben …

Singspiel: Im Herbst

Dieses Singspiel kann im Zusammenhang mit der Vermittlung ethischer Werte wie Dankbarkeit und Wertschätzung gesehen werden. Es eignet sich gut für eine kleine Vorführung innerhalb des Kindergartens oder auch im Rahmen eines Herbstfestes, zu dem die Eltern eingeladen werden.

So geht's:

- Nachdem die Kinder das Lied bereits kennengelernt haben und den Refrain auswendig singen können, wählen Sie gemeinsam aus, welche Früchte in den Strophen genannt werden sollen. Für die Auswahl kann z.B. entscheidend sein, welche Früchte die Kinder selbst ernten konnten oder welche Früchte in den Speisen enthalten sind, die im Anschluss an das Singspiel angeboten werden.

- Mit den entsprechenden Früchten wird jeweils ein kleiner Korb oder eine kleine Schale bereitgestellt.

- Alle mitwirkenden Kinder stehen in einer Gruppe im Halbkreis, ggf. in mehreren Reihen hintereinander. Jeweils ein Kind hält einen Korb mit Früchten in der Hand.

- Zunächst singen alle gemeinsam den Refrain.

- Dann folgen die einzelnen Strophen: Die einzelnen Kinder treten etwas aus der Gruppe vor, singen den ersten Teil allein und stellen ihren Korb auf dem Boden oder auf einem Tisch ab.

- Anschließend antworten alle Kinder mit dem zweiten Teil der Strophe, wobei sie dazu im Rhythmus klatschen können.

Tipp:

Oft möchten mehr Kinder an der Vorführung teilnehmen als Strophen zur Verfügung stehen oder es traut sich nicht jedes Kind, allein zu singen. Deshalb können für jede Strophe auch jeweils zwei oder mehr Kinder ausgewählt werden, die die Früchte tragen und gemeinsam singen.

Variante:

Statt eines Herbstfestes wird in vielen Kindergärten mit kirchlicher Träger-schaft das christliche Erntedankfest gefeiert. Mit diesem Lied können die Gaben bei einem Gottesdienst zum Altar gebracht werden. Hierbei kann der Text „trallalala la la la" durch „vielen Dank dafür" ersetzt werden.

Thema:
Ernte

Kompetenzbereiche:
Wortschatz erweitern,
Sprechfreude entwickeln

Angrenzende Bildungsbereiche:
Kreativität und Musik,
Körper, Bewegung und
Gesundheit

Kinder:
25

Schwierigkeitsgrad:
★ ★ ☆ ☆ ☆ ☆

Vorbereitung:
10 Min.

Aktivität:
10 Min.

Material:
mehrere Körbe oder Schalen
mit den im Lied genannten
Früchten (Obst, Gemüse,
Getreide)

Erntezeit

Woher stammt die Ernte? Verbinde.

Das Herbst-Café

Stellen Sie in einem an die Aktivgeschichte anknüpfenden Gespräch das Thema „Café" in den Mittelpunkt des Interesses. Dabei können Sie die Kinder im Hinblick auf ihre Auffassungsgabe und die Fähigkeit, eigene Erlebnisse mit neu erworbenem Wissen zu verknüpfen, beobachten. Im Rollenspiel lernen sie neue Handlungsmöglichkeiten für den Alltag kennen. Dieses Gespräch kann als Ein- und Hinführung für eine eigene Aktion zum Thema „Café" dienen.

So geht's:

- Erinnern Sie die Kinder an die Aktivgeschichte und lassen Sie sie den Inhalt nochmals nacherzählen.

- Lenken Sie die Aufmerksamkeit der Kinder anhand folgender Fragen auf das Thema „Café":

  – Waren die Kinder schon einmal in einem Café?

  – Wie sieht es in einem Café aus?

  – Was unterscheidet ein Café von einem Gasthaus oder Restaurant?

  – Was gibt es dort zu essen und zu trinken?

  – Warum gehen Leute in ein Café?

- Die Kinder überlegen nun, warum das Café in der Aktivgeschichte „Herbst-Café" heißt. Wie könnten die Kinder auf die Idee zu diesem Spiel gekommen sein? Wenn Sie zuvor bereits das Thema „Ernte im Herbst" (siehe S. 24) angesprochen haben, finden die Kinder das sicher heraus.

- Eine Kleingruppe kann nun mithilfe verschiedenen Spielzeuggeschirrs eine Café-Situation nachspielen, bei der auch Problemsituationen, wie z. B. der gewünschte Kuchen ist ausgegangen, möglich sind. Ein Schwerpunkt liegt dabei auf Höflichkeit und gutem Benehmen.

- Die übrigen Kinder beobachten genau und versuchen, sich für ein Café typische Dinge, Personen und Verhaltensmuster zu merken.

- In einem anschließenden Gespräch werden diese Dinge nochmals aufgegriffen, ggf. mit den passenden Begriffen (z. B. Kellner) versehen und auf diese Weise reflektiert.

Tipp:

Falls es die räumlichen Gegebenheiten erlauben und die Idee nicht von den Kindern selbst kommt, schlagen Sie vor, gemeinsam mit den Kindern für einen Tag im Kindergarten ein Herbst-Café einzurichten, zu dem die Eltern und Familien der Kinder eingeladen werden. Weitere Anregungen für diese Aktion finden Sie auf den Seiten 31–33 und 104–107.

Thema:
Café

Kompetenzbereiche:
Wortschatz erweitern, Sprechfreude entwickeln

Angrenzende Bildungsbereiche:
Miteinander leben, Forschen und entdecken

Kinder:
25

Schwierigkeitsgrad:
★ ★ ☆ ☆ ☆ bis ★ ★ ★ ☆ ☆

Vorbereitung:
5 Min.

Aktivität:
15 Min.

Material:
Geschirr und weiteres Zubehör für ein Café aus der Puppenecke oder Kinderküche, Bleistift und Notizblatt

Sprache und Literacy

Thema:
Eine Veranstaltung planen

Kompetenzbereiche:
Kommunikations- und Kooperationsfähigkeit entwickeln, Kreativität entfalten

Angrenzende Bildungsbereiche:
Kreativität und Musik, Miteinander leben

Kinder:
25

Schwierigkeitsgrad:
★ ★ ☆ ☆ ☆

Vorbereitung:
5 Min.

Aktivität:
15 Min.

Material:
Papier, Bleistift

Unser Herbst-Café

Bezugnehmend auf die Aktivgeschichte und im Anschluss an Gespräche zu den Themen „Herbst" (S. 62) und „Café" (S. 29) können Sie gemeinsam mit den Kindern als einmalige Aktion ein Herbst-Café einrichten. Die Kinder sammeln Erfahrungen bei der Planung und Vorbereitung und lernen, eigene Ideen einzubringen und umzusetzen.

So geht's:

- Knüpfen Sie in einem Gespräch an die Aktivgeschichte oder an das Gespräch zum Thema Café (S. 29) an und schlagen Sie vor, ein eigenes Herbst-Café einzurichten.

- Überlegen Sie gemeinsam mit den Kindern, wo und wie eine solche Aktion durchgeführt werden kann. Folgende Fragen können den Gesprächsverlauf unterstützen:

  – Wo können wir das Herbst-Café einrichten? Gibt es im Kindergarten einen geeigneten Raum oder gibt es die Möglichkeit, einen öffentlichen Raum (z. B. in einem Bürgerhaus) zu nutzen?

  – Gibt es ausreichend Tische und Stühle?

  – Wie kann der Raum schön gestaltet werden? Welche Dekoration ist nötig?

  – Was soll es in unserem Café zu essen und zu trinken geben?

  – Wo und wie können wir die Speisen zubereiten?

  – Wen laden wir ein?

- Notieren Sie die Überlegungen, damit Sie sie den Kindern das nächste Mal vorlesen und wieder in Erinnerung rufen können.

- Sobald die grundlegenden Entscheidungen getroffen wurden, kann die weitere Planung und Vorbereitung in kleineren Teams erfolgen, wobei sich jede Gruppe um einen Teilbereich kümmert.

Variante:

Falls ein eigener Raum für das Café zur Verfügung steht, können Sie in Absprache mit dem ganzen Kindergartenteam und in Zusammenarbeit mit den Eltern das Café auch über einen längeren Zeitraum oder sogar als Dauereinrichtung für das gemeinsame Frühstück anbieten. Dafür werden dann alle Kindergartenmitarbeiter und die Kinder in Dienste eingeteilt, die sich jeweils um einen Teilbereich, z. B. Buffet, Tische und Dekoration, kümmern.

Tischdekoration herstellen

In Kleingruppen gestalten die Kinder Tischdecken und Vasen, mit denen sie die Tische im Café schmücken. Die Tischdekoration kann auch später noch vielfältig im Kindergartenalltag eingesetzt werden. Die Kinder lernen, sich bei Teamarbeit abzusprechen, und können ihre eigenen Ideen kreativ umsetzen.

So geht's:

- Für die Gestaltung der Tischdecken vereinbaren Sie zuvor, welche Farben die Kinder verwenden und wie sie die Blattformen anordnen möchten, z. B. als bunten Blätterwald oder als umlaufende Borte.

- Die Kinder bestreichen jeweils ein gepresstes Blatt mit Stofffarbe und drücken es vorsichtig auf die Tischdecke. So zeichnet sich die Blattform auf dem Stoff ab.

- Als Blumenvasen bemalen die Kinder einfache Gläser mit Bastelfarbe.

- Besprechen Sie gemeinsam, welche Motive zum Herbst passen, wie z. B. herbstliches Obst und Gemüse, bunte Blätter, Kürbisgesicht, Drachen.

- Wenn Sie nur die Farben Rot, Gelb und Grün zur Verfügung stellen, dann können die Kinder versuchen, daraus viele verschiedene herbstliche Farbnuancen selbst zu mischen.

- Nach dem Trocknen können in diese Vasen herbstliche Blumen (z. B. Astern, Sonnenblumen), Gräser oder kleine Zweige gestellt werden.

Tipps:

- Einfache, weiße Tischdecken sind im Fachhandel günstig erhältlich. Alternativ kann man auch aus einfachem Baumwollstoff oder alte, weißer Bettwäsche Tischdecken nähen.

- Für die Vasen können Sie auch Glasmalfarben besorgen, die man im Backofen spülmaschinenfest einbrennen kann.

Thema:
Tische dekorieren

Kompetenzbereiche:
Kreativität entfalten,
Wortschatz erweitern

Angrenzender Bildungsbereich:
Kreativität und Musik

Kinder:
je 6

Schwierigkeitsgrad:
★ ★ ☆ ☆ ☆

Vorbereitung:
5 Min.

Aktivität:
15 Min.

Material:
große weiße Stofftischdecken, Stofffarbe, gepresste Blätter in verschiedenen Größen, Bastelfarben, 6 schmale, hohe Schraubdeckelgläser oder Trinkgläser, ggf. Glasmalfarben, Pinsel

Sprache und Literacy

Thema:
Gesundes Essen

Kompetenzbereiche:
Wortschatz erweitern,
Feinmotorik üben

**Angrenzender
Bildungsbereich:**
Körper, Bewegung und
Gesundheit

Kinder:
4–6

Schwierigkeitsgrad:
★ ★ ★ ☆ ☆

Vorbereitung:
5 Minuten

Aktivität:
60 Min.

Material:
Notizzettel und Bleistift, Geld
für den Einkauf

Material pro Kind:
Stofftasche

Speisenauswahl und Einkauf

Bei der Auswahl und Zubereitung der Speisen für das Café sind die Kinder aktiv beteiligt. Sie können mitbestimmen, was sie gerne essen und herrichten möchten und lernen dabei, sich auszudrücken und ihre eigenen Ideen zu kommunizieren. Das stärkt ihr Selbstbewusstsein und die Selbstständigkeit. Den Einkauf können Sie gemeinsam mit einer Kleingruppe erledigen.

So geht's:

- Überlegen Sie mit den Kindern, welche Speisen und Getränke sie im Herbst-Café anbieten möchten. Sie sollten zum Thema „Herbst" passen, aber gleichzeitig einfach zuzubereiten sein, also z. B. Obstkuchen, Gemüsequiche, Kekse, Kakao, Tee, Saft, Wasser, ggf. Kaffee für Erwachsene oder auch Brötchen und Gemüsesticks mit Dips.

- Notieren Sie, was die Kinder anbieten möchten, und erstellen Sie für die benötigten Lebensmittel eine Einkaufsliste

- Gehen Sie einen oder zwei Tage vor der geplanten Aktion mit den Kindern in ein Geschäft oder einen Supermarkt zum Einkaufen.

- Lesen Sie am Eingang die Liste vor. Jeweils zwei Kinder besorgen nun ein oder zwei Lebensmittel. Unterstützen Sie sie dabei, falls nötig. Regen Sie die Kinder aber auch an, die Verkäufer zu fragen, wenn sie etwas nicht finden.

- Zurück im Kindergarten räumen die Kinder die Lebensmittel in den Kühlschrank bzw. Vorratsschrank, wo sie bis zur Verarbeitung aufbewahrt werden.

- In Kleingruppen werden die Speisen vor der Aktion mithilfe der eingekauften Lebensmittel schließlich gemeinsam zubereitet.

Tipp:

Für das Herbst-Café eignen sich die Rezepte für den Apfelkuchen (S. 104), die Obstspieße (S. 105) die Obstsuppe (S. 106), sowie Haferkekse und Kakao (S. 107).

Speisekarten gestalten

Passend zum ausgewählten Speisen- und Getränkeangebot erstellen und gestalten die Kinder für ihr Café eine Speisekarte. Eltern und weitere Gäste, die das Café besuchen, können dann anhand der Symbole auf der Speisekarte bei einer Bedienung/einem Kellner bestellen. Auf diese Weise lernen die Kinder die Bedeutung von Symbolen als gemeinsame Sprache kennen und erfahren den Wert ihrer Arbeit.

So geht's:

- Erinnern Sie die Kinder an die selbst gestaltete Speisekarte in der Aktivgeschichte und fragen Sie sie nach den Symbolen, mit denen die Speisen dargestellt waren.

- Nachdem die Kinder festgelegt haben, welche Speisen und Getränke sie in ihrem Café anbieten wollen, können sie auf ähnliche Weise eine Speisekarte erstellen.

- Überlegen Sie gemeinsam, mit welchen Symbolen sie ihre Speisen und Getränke verdeutlichen können. Die Symbole sollten aufgezeichnet und kopiert werden, damit sie auf allen Speisekarten gleich aussehen.

- Alternativ finden Sie unten einige Symbole, die Sie ggf. kopieren, damit die Kinder sie ausmalen, ausschneiden und aufkleben können.

- Für eine Speisekarte verwenden die Kinder einen Bogen Fotokarton, den sie an der langen Seite vorsichtig in der Mitte knicken. Ggf. fahren sie dafür zuvor mit der stumpfen Kante einer Schere an der Faltlinie entlang.

- Schreiben Sie auf die Kartenvorderseite „Speisekarte" den Namen der Kindergartengruppe und evtl. das Datum der Aktion.

- Dann gestalten die Kinder ein zum Café passendes Bild. Dabei können sie ihrer Fantasie freien Lauf lassen.

- Auf der Innenseite kleben die Kinder die vereinbarten Symbole ein, wobei man z. B. auf der linken Seite die Getränke und auf der rechten Seite die Speisen anbieten kann.

Variante:

Die Kinder fotografieren die fertigen Speisen und Getränke. Drucken sie die Bilder dann am PC aus. Die Kinder schneiden sie aus und kleben sie als Symbole in die Karten.

Mögliche Symbole für die Speisekarte (weitere Symbole siehe S. 25):

Thema:
Schrift und Symbole

Kompetenzbereiche:
Symbole deuten, Buchstaben kennenlernen

Angrenzender Bildungsbereich:
Kreativität und Musik

Kinder:
4–6

Schwierigkeitsgrad:
★ ★ ★ ☆ ☆

Vorbereitung:
–

Aktivität:
15–30 Min.

Material:
Fotokarton (DIN A4) in herbstlichen Farben, Buntstifte oder Wachsmalkreiden, Klebestift

Material pro Kind:
Schere

Kreativität und Musik

Vorbemerkungen

Kinder lernen ihre Umwelt kennen, indem sie sie mit allen Sinnen wahrnehmen und sich spielend mit ihr auseinandersetzen. Sie (er)finden dabei unzählige Wege und Mittel, ihre Eindrücke zu ordnen und ihre Gefühle und Gedanken auszudrücken. Ihre Neugier und Lust am kreativen Tun sind dabei wesentliche Antriebskräfte für ihre Persönlichkeitsentfaltung. Mit der gleichen Neugier und Faszination begegnen Kinder auch der Musik. Sie lieben es, den Geräuschen und Klängen ihrer Umgebung nachzugehen und selbst Töne zu produzieren. Musik ist wie künstlerisches Gestalten ein wesentliches Ausdrucksmittel und regt die kindliche Fantasie und Kreativität an. Die Entwicklung in diesem Bereich hängt stark von der Fähigkeit zu differenzierter Wahrnehmung ab. Dies ist ein wichtiger Ansatzpunkt für musisch-ästhetische Bildungsangebote.

Mit Tau überzogene Spinnennetze fallen im Herbst ganz besonders auf, wenn sie in der Sonne glitzern. Aus diesem Grund bildet die Beschäftigung mit Spinnen und ihren Netzen, die die Kinder genau beobachten und mit denen sie sich gestalterisch auseinandersetzen, den Schwerpunkt dieses Kapitels. Die Kinder lernen den kreativen Umgang mit Medien, indem sie ihre Beobachtungen dokumentieren. Wie die Spinnen in der Aktivgeschichte ihre schönen und fachkundig geknüpften Netze präsentieren, so präsentieren auch die Kinder ihre fotografischen Dokumentationen und Gestaltungen von Spinnennetzen. Daneben gibt es kreative Angebote, bei denen die Kinder in der Auseinandersetzung mit Werkmaterialien eigene Gestaltungswege entdecken können. Dies fördert ihre Kreativität im Denken und Handeln.

Dem gemeinsamen Singen kommt in der musikalischen Bildung eine große Bedeutung zu. Lieder, die von Spinnen handeln, schaffen die Anbindung zum Thema und geben den Kindern gleichermaßen die Möglichkeit, sich mit ihrer Stimme auszudrücken und damit Teil einer Gemeinschaft zu werden. Sie dienen auch als Ausgangspunkt für die Umsetzung von Text in Bewegungen. Die Möglichkeit zu hören, zu singen, sich zu bewegen und Rhythmus zu erleben sowie eigene Gestaltungswege zu entdecken, gibt Kindern die Chance, spielend und mit allen Sinnen zu lernen.

Darüber hinaus machen sie vielfältige soziale Erfahrungen: etwa aufeinander zu reagieren, einander zuzuhören, einem anderen den Vortritt zu lassen oder Vereinbarungen einzuhalten. Diese Aspekte, wie auch das Verknüpfen von Liedern mit Aktivitäten aus dem gestalterischen Bereich, regen die Kreativität der Kinder immer wieder von Neuem an.

Aktivgeschichte

Die Kreuzspinne Aranea ist aufgeregt: Am folgenden Tag soll der große Spinnennetz-Wettbewerb stattfinden. Wer in den frühen Morgenstunden das schönste Netz knüpft, wird gewinnen. Das ist der Traum einer jeden Kreuzspinne und Aranea hat deshalb den ganzen Sommer über geübt, wie sie ein besonders schönes Netz spinnen kann. Aranea wird als Erste fertig. Ada, die größte Spinne im Garten, die den Wettbewerb leitet, sieht sich alle Spinnennetze an. Ganz zum Schluss kommt sie zu Araneas Spinnennetz. Sie ist begeistert: Araneas Netz ist das Schönste und sie war von allen Kreuzspinnen am schnellsten. Aranea ist stolz und alle anderen Kreuzspinnen gratulieren ihr.
Als die Kinder Paula und Malte morgens in den Garten gehen, bewundern auch sie die vielen schönen Spinnennetze der Kreuzspinnen, die silbern im Sonnenlicht funkeln.

Die Bewegungen zur Aktivgeschichte unterstützen die räumliche Vorstellungskraft der Kinder, indem diese die Bewegungsrichtungen beim Spinnen des Netzes mit Gesten begleiten. Dabei trainieren die Kinder sowohl das Unterscheiden von links und rechts als auch das Verstehen von Richtungsangaben und setzen beides dem Text entsprechend in Bewegungen um.

In der Aktivgeschichte erhalten die Kinder zahlreiche Hintergrundinformationen über die Lebensweise von Spinnen und über die Bauweise und Funktion von Spinnennetzten. Der Text bildet den Ausgangspunkt für eine Reihe von aufeinander aufbauenden Aktivitäten zu den Themen „Spinnen" und „Spinnennetze", die die Kinder je nach Interesse aber auch unabhängig voneinander umsetzen können.

Praxisseiten

Den Schwerpunkt dieses Kapitels bildet die Auseinandersetzung mit Spinnen und Spinnennetzen. Die beiden Infoseiten (S. 40/41) enthalten Basiswissen, das Sie je nach Bedarf einsetzen können. Ein Gespräch und ein Erkundungsgang (S. 42) versuchen anhand zahlreicher Informationen die weitverbreitete Angst vor Spinnen zu zerstreuen. Mithilfe der Kinderseite (S. 43) und der beiden Gestaltungsangebote (S. 44/45) können die Kinder ihr Wissen und ihre Eindrücke verarbeiten und kreativ umsetzen. Beim Lied „Die Krabbelspinne" (S. 46) handelt es sich um eine Übersetzung des englischen Kinderreims (Nursery Rhyme) „Itsy bitsy spider". Den Text können die Kinder veranschaulichen, indem sie den Weg der Spinne entweder auf der Illustration nachvollziehen oder mit dem Fingerspiel (S. 47) gestisch begleiten. Wenn Sie den Text auch in der englischen Version anbieten, verinnerlichen die Kinder im Laufe der Zeit die Bedeutung der englischen Worte. Das Lied „Die Spinne" (S. 48), das die Kinder mit einfachen Tanzschritten und -bewegungen (S. 49) begleiten können, vertieft das Wissen zum Aussehen und zur Lebensweise der Spinne.

Beim Thema Spinnennetze können die Kinder ihre Beobachtungen auf Fotos festhalten (S. 50) und anschließend eine Dokumentation gestalten, mit der sie ihre Fotos präsentieren (S. 51). Mithilfe der kreativen Angebote auf den Seiten 52 und 53 gestalten die Kinder selbst Spinnennetze – einmal mit Mehlbrei auf Papier und einmal mit Wollfäden. Dabei trainieren sie ihre motorischen Fähigkeiten und verinnerlichen das Thema. Über die Beschäftigung mit dem Thema Spinnennetze hinaus ermöglichen die folgenden Aktivitäten den Transfer des Gelernten zum Thema „Netz" in andere Lebensbereiche. Dazu entwirren die Kinder in einem Spiel ein Netz aus Fäden (S. 54) und knüpfen mithilfe verschiedener Knoten selbst eines (S. 55).

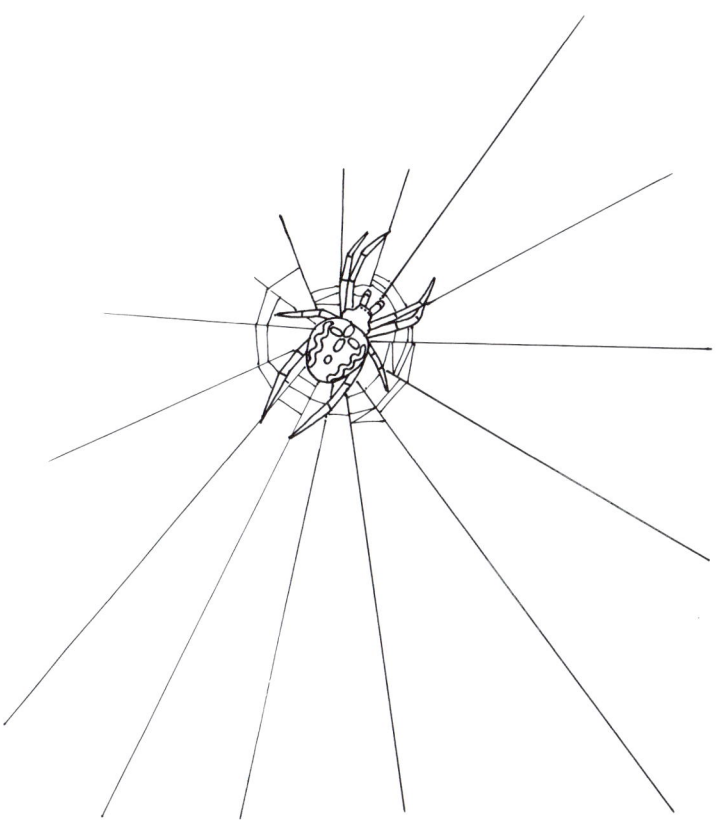

Kreativität und Musik

Aktivgeschichte: Araneas Netz

mit den Fingern einer Hand in der anderen Handfläche krabbeln	Aranea **krabbelt** hin und her.
mit dem Zeigefinger ein Kreuz in die Handfläche der anderen Hand malen: ↓ → = +	Die **Kreuz**spinne ist aufgeregt.
ein Kreuz malen: ↓ → = +	Morgen findet der große Spinnennetz-Wettbewerb statt. In den frühen Morgenstunden werden die **Kreuz**spinnen ihre Netze zwischen die Sträucher und Hecken, die Zweige und Äste, die Blumen und Gräser hängen. Alle Spinnen werden sich große Mühe geben, denn das schönste Spinnennetz wird gewinnen
ein Kreuz malen: ↓ → = +	und jede **Kreuz**spinne träumt davon, in diesem Wettbewerb die Siegerin zu sein.
	Aranea weiß schon genau, wo sie ihr Netz knüpfen wird: Sie wird es in die Buchenhecke hängen. Das ist nämlich ihr Lieblingsplatz.
mit den Fingern einer Hand in der anderen Handfläche krabbeln	Als die Nacht zu Ende geht und es langsam dämmert, wird es im Garten lebendig. Überall **kribbeln** und **krabbeln**
ein Kreuz malen: ↓ → = +	die **Kreuz**spinnen herum, große und kleine, hellbraune und dunkelbraune, graubraune und schwarze. Jede Spinne sucht den besten Platz für ihr Netz.

Aranea weiß natürlich genau, wie sie ein besonders schönes Netz spinnen kann. Den ganzen Sommer über hat sie es geübt. Viele **leckere** Fliegen und Heuschrecken

„Mmh!" sagen und sich den Bauch reiben

sind in den klebrigen Fäden ihrer Spinnennetze hängen geblieben. Ohne Netz wäre sie sicher verhungert.

Wenn eine **Kreuz**spinne ein Netz knüpft, dann muss sie zunächst die starken Haltefäden spinnen, die das ganze Netz später tragen sollen. Den ersten Faden lässt Aranea vom Wind gegen ein Blatt oder einen Zweig wehen, wo er kleben bleibt.

ein Kreuz malen: ↓ → = +

Dann krabbelt sie in die Mitte des Fadens, seilt sich **von oben nach unten** ab

mit dem Zeigefinger von oben nach unten eine Linie in die Luft zeichnen: ↓

und befestigt den Faden gegenüber. Jetzt spinnt Aranea einen starken Faden **von rechts nach links**

mit dem Zeigefinger von rechts nach links eine Linie in die Luft zeichnen: ←

quer über den ersten Faden. Nun muss die **Kreuz**spinne einen dritten Faden **von rechts oben nach links unten** ziehen.

ein Kreuz malen: ↓ → = +
mit dem Zeigefinger von rechts oben nach links unten eine Linie in die Luft zeichnen: ↙

Schließlich spinnt Aranea einen vierten Haltefaden **von links oben nach rechts unten** und befestigt ihn gut.

mit dem Zeigefinger von links oben nach rechts unten eine Linie in die Luft zeichnen: ↘

Dann kommen die klebrigen Fangfäden an die Reihe, an denen die **leckeren** Insekten hängenbleiben sollen.

„Mmh!" sagen und sich den Bauch reiben

Dafür muss die **Kreuz**spinne von der Mitte des Netzes aus **in langsam größer werdenden Kreisen**

ein Kreuz malen: ↓ → = +
mit dem Zeigefinger immer größer werdende Kreise in die Luft zeichnen: ↺

über die Spinnennetzfäden **krabbeln**

mit den Fingern einer Hand in der anderen Handfläche krabbeln

und dabei an jedem Haltefaden den neuen Klebefaden befestigen. Ja, wie man ein Spinnennetz spinnt, das weiß Aranea genau. Von ihr aus kann der Wettbewerb losgehen. Zusammen mit den anderen **Kreuz**spinnen wartet Aranea auf das Startzeichen.

ein Kreuz malen: ↓ → = +

Kreativität und Musik

Ada, die größte Spinne hier im Garten, wird das Zeichen geben.
Die **Kreuz**spinnen
krabbeln nervös hin und her.

ein Kreuz malen: ↓ → = +
mit den Fingern in der anderen
Handfläche krabbeln
mitsprechen
mit den Fingern in der anderen
Handfläche krabbeln

Da ruft Ada laut: „**Auf die Plätze – fertig – los!**"
Das ist ein **Gekribbel** und **Gekrabbel** im Garten!

Überall arbeiten die Spinnen an ihren Netzen.
Jede Spinne will natürlich gewinnen.

Aranea lässt den ersten Haltefaden vom Wind verwehen,
bis er an einem Ast kleben bleibt.
Dann krabbelt sie in die Mitte,
seilt sich **von oben nach unten** ab und klebt den Faden fest.

mit dem Zeigefinger von oben
nach unten eine Linie in die
Luft zeichnen: ↓
mit dem Zeigefinger von rechts
nach links eine Linie in die Luft
zeichnen: ←

Flink spinnt sie einen zweiten Faden **von rechts nach links**.

Sie beeilt sich. Ihr Netz soll nicht nur das schönste Spinnennetz
im ganzen Garten werden, Aranea will auch als Erste fertig sein!
Husch! Schon hat Aranea den dritten Faden
von rechts oben nach links unten gesponnen.

mit dem Zeigefinger von rechts
oben nach links unten eine
Linie in die Luft zeichnen: ↙

mit dem Zeigefinger von links
oben nach rechts unten eine
Linie in die Luft zeichnen: ↘

Alles klappt prima. Aranea muss noch einen Faden
von links oben nach rechts unten spinnen,

dann kann sie sich an die klebrigen Fäden machen.
Wunderbar! Alle Fäden halten gut.

mit den Fingern in der anderen
Handfläche krabbeln

Eilig **krabbelt** Aranea in die Mitte ihres Netzes

und beginnt die Klebefäden zu ziehen.
Sie läuft **in langsam größer werdenden Kreisen**

mit dem Zeigefinger immer
größer werdende Kreise
in die Luft zeichnen: ↻

über die Spinnennetzfäden und befestigt dabei
an jedem Haltefaden den neuen klebrigen Faden.

Aranea kümmert sich nicht darum, was die anderen Spinnen
machen. Ihr Netz ist das Wichtigste. Alles andere ist egal!
Eilig **läuft** sie im **Kreis**. Immer rund herum.

mit dem Zeigefinger immer
größer werdende Kreise
in die Luft zeichnen: ↻

Ihr wird schon ein klein wenig schwindelig.
Jetzt ist sie fertig!
Zum Glück.
Es ist nichts schiefgegangen.
Kein Faden ist gerissen.
Ihr Radnetz ist toll geworden.
Es ist das schönste Netz, das sie je geknüpft hat.
Hoffentlich findet Ada das auch.

Aranea **krabbelt** in die Mitte des Netzes und bleibt reglos hocken.

mit den Fingern in der anderen Handfläche krabbeln

Die anderen Spinnen arbeiten noch. Aranea ist als Erste fertig geworden.
Es dauert nicht mehr lange und der ganze Garten ist mit silbrig schimmernden Netzen geschmückt.

Die große Ada **krabbelt** von Spinnennetz zu Spinnennetz.

mit den Fingern in der anderen Handfläche krabbeln

Sie sieht sich alles an.
Zuletzt kommt sie zu Aranea.
„Oh! Das ist großartig!", sagt sie zufrieden.
Dann ruft sie laut: „Aranea hat gewonnen! Ihr Netz ist das schönste und sie war am flinkesten! Aranea ist die Siegerin!"
„Bravo! Bravo!", jubeln
die anderen **Kreuz**spinnen
und **klatschen** mit ihren Vorderbeinen.
Aranea verbeugt sich.
Das ist der schönste Tag in ihrem Leben.
Sie ist sehr glücklich.

„Bravo! Bravo!" rufen
ein Kreuz malen: ↓ → = +
in die Hände klatschen

Als Paula und Malte am Morgen in den Garten kommen,
funkeln die feinen Spinnennetze silbern im Sonnenlicht.
„Schön", seufzt Paula und Malte nickt.
Die stolze **Kreuz**spinne Aranea sehen die beiden Kinder nicht.

ein Kreuz malen: ↓ → = +

Infoseite: Spinnen – Gartenkreuzspinnen

- Aufgrund ihres Körperbaus sind Spinnen keine Insekten, sondern bilden eine eigene Klasse: Ihr Körper besteht aus zwei Teilen, sie haben acht Beine und acht Punktaugen. Sie haben weder Flügel noch Fühler.

- Kreuzspinnen sind weltweit verbreitet und gehören zu den Radnetzspinnen, die mit ihren Spinndrüsen einen Seidenfaden produzieren. In Europa ist die bekannteste Vertreterin die Gartenkreuzspinne, auf die sich die folgenden Informationen beziehen.

- Die Gartenkreuzspinne ist deutlich an einem hellen Kreuz auf ihrem Rücken zu erkennen, das sich aus fünf Flecken zusammensetzt. Die Farbe des Körpers variiert zwischen einem sehr dunklen Grau bis zu einem gelblichen Braun. Die Spinne kann ihre Farbe an die Umgebung anpassen.

- Die Weibchen der Gartenkreuzspinne werden bis zu 15 mm lang, die Männchen bis zu 10 mm. Im Hinterleib der Radnetzspinnen befinden sich Spinndrüsen, aus denen die Spinnfäden hervortreten.

- Spinnen sind Einzelgänger, die ihr Revier gegen Eindringlinge verteidigen. Nur zur Paarungszeit ab August treffen sich Männchen und Weibchen. Nach der Paarung fressen die größeren Weibchen die kleineren Männchen auf.

- Ein paar Wochen nach der Paarung – im frühen Herbst – legt das Weibchen die Eier in Kokons ab und stirbt anschließend.

- Im April/Mail des darauffolgenden Jahres schlüpfen die kleinen Spinnen. Bis eine Spinne ausgewachsen ist, muss sie sich etwa zehnmal häuten. Hat eine Spinne einmal ein Bein verloren, so wächst es bei der nächsten Häutung wieder nach. Die jungen Spinnen überwintern nochmals und sind dann geschlechtsreif. Dann häuten sie sich nicht mehr und können auch keine Gliedmaßen mehr ersetzen.

- Das wichtigste Sinnesorgan der Spinne ist der Tastsinn. An den Beinen sitzen viele kleine Härchen, über die die Spinne kleinste Vibrationen des Bodens oder ihres Netzes wahrnehmen kann.

- Die Gartenkreuzspinne ernährt sich von Insekten, die sie in ihrem Netz fängt. Ihr Mund ist aber zu klein, um die Beute im Ganzen zu fressen, und sie kann die Nahrung auch nicht zerkleinern. Daher spuckt sie einen Verdauungssaft auf und in das erbeutete Insekt. Nach einer Weile löst sich die Nahrung auf und es entsteht ein flüssiger Brei, den die Spinne mithilfe ihres Darmrohres aufsaugt.

- Oft wird Spinnen nachgesagt, dass sie gefährlich sind. Bis auf zwei sehr selten anzutreffende Ausnahmen (Dornfinger und Wasserspinne), trifft das jedoch für einheimische Spinnen nicht zu. Ihr Biss ist höchstens wie ein Mückenstich spürbar. Spinnen beißen außerdem nur, wenn sie sich bedroht fühlen!

- Weitere Gründe dafür, vor Spinnen Angst zu haben, können sein, dass Spinnen oft unerwartet in Körpernähe bemerkt werden und sich schnell und unvorhersehbar fortbewegen.

Infoseite: Spinnennetz und Beutefang

- Spinnen haben unterschiedliche Methoden entwickelt, um ihre Beute zu fangen. Webspinnen wie die Gartenkreuzspinne erstellen ein Fangnetz und warten darauf, dass sich ein Insekt darin verfängt.

- Je nach Spinnenart gibt es verschiedene Netztypen, wie z.B. Trichter-, Baldachin- oder Radnetze. Die Gartenkreuzspinne erstellt ein regelmäßiges kreisförmiges Netz mit geschlossener Nabe. Für den Bau eines Netzes von etwa 20 cm Durchmesser benötigt sie 30 bis 45 Minuten.

- Spinnen weben ihre Netze meist vor Tagesanbruch, im Spätsommer fast jede Nacht.

- Die Kreuzspinne besitzt in ihrem Hinterkörper mehrere Spinndrüsen, mit denen sie verschiedene Fäden produzieren kann.

  a) Für den Bau eines Radnetzes lässt die Gartenkreuzspinne zunächst einen langen Faden aus ihrem Hinterkörper austreten, der vom Luftzug getragen wird, bis er irgendwo kleben bleibt.

  b) Die Spinne befestigt nun das andere Ende des Fadens ebenfalls, hangelt sich in die Mitte des Fadens und seilt sich von dort nach unten ab. Nun befestigt sie den Faden am Boden, sodass die beiden Fäden die Form eines Ypsilons ergeben.

  c) Dann baut sie eine Art Rahmen, der den äußeren Rand des späteren Fangbereichs absteckt.

  d) Nun zieht die Spinne aus nicht klebrigen Fäden weitere Radien jeweils von der Netzmitte zu den Rahmenfäden. Das sieht wie Speichen in einem Rad aus.

  e) Als Nächstes zieht die Spinne von innen nach außen aus trockenen Fäden ein erstes Hilfsnetz mit weit auseinanderliegenden Fäden. (Hinweis: In der Aktivgeschichte wird auf diese Phase des Netzbaus nicht eingegangen!)

  f) Anschließend webt sie vom Rand zur Mitte hin die endgültigen, klebrigen Spiralfäden, die wesentlich enger beisammen liegen. Dabei bewegt sie sich auf den Fäden des Hilfsnetzes, die sie zugleich auffrisst.

- Nach dem Netzbau versteckt sich die Spinne in der Nähe des Netzes und wartet auf Beute. Die Gartenkreuzspinne hält sich tagsüber meist in der Mitte des Netzes auf. Zwischen einem Vorderbein und dem Netz hat sie einen Faden gespannt. So bemerkt sie sofort, wenn sich ein Insekt in ihrem Netz verfangen hat.

- Die Spinne eilt herbei und seilt sich an einem Sicherheitsfaden zur Beute ab. Dann tötet sie das Insekt mit einem Biss, zersetzt es mit Verdauungssaft und saugt es aus (siehe S. 40)

- Wenn die Spinne satt ist, umwickelt sie die Beute mit Seidenfäden und hängt sie als Vorrat in das Netz.

- Spinnennetze findet man oft auf Dachböden oder anderen „unsauberen" Orten. Das kann ein Grund dafür sein, dass man Spinnen mit Schmutz und mangelnder Hygiene in Verbindung bringt und viele Leute sich vor ihnen ekeln.

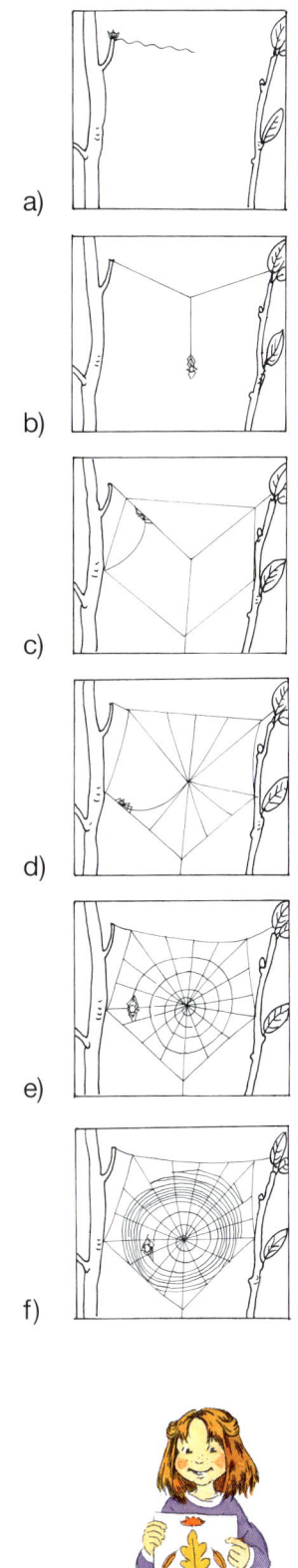

a)
b)
c)
d)
e)
f)

Kreativität und Musik

Thema:
Spinnen

Kompetenzbereiche:
Wissen erweitern,
Kommunikationsfähigkeit und
Aufmerksamkeit schulen

**Angrenzende
Bildungsbereiche:**
Forschen und entdecken,
Sprache und Literacy

Kinder:
8 – 15

Schwierigkeitsgrad:
★ ☆ ☆ ☆ ☆ ☆

Vorbereitung:
5 Min.

Aktivität:
10 Min. (Gespräch),
30 Min. (Ausflug)

Material:
Anschauungsmaterial und
Sachbücher zu Spinnen,
Infoseite „Spinnen" und
„Spinnennetz" (S. 40 / 41),
ggf. Bestimmungsbuch zu
Spinnen, Notizblock, Bleistift

Gespräch über Spinnen

Regen Sie von der Aktivgeschichte ausgehend im Morgenkreis ein Gespräch über Spinnen und ihre Netze an. Gehen Sie dabei auf die weitverbreitete, jedoch unbegründete Angst vor diesen Tieren ein.
Bei Gesprächen üben die Kinder u. a., anderen aufmerksam zuzuhören und ihre eigenen Gedanken zurückzuhalten, bis sie an der Reihe sind. Nutzen Sie das Gespräch für Beobachtungen der Kinder: Wer fühlt sich bereits sicher, frei zu sprechen und wer hält sich eher zurück?

So geht's:

- Erinnern Sie die Kinder an die Spinne Aranea aus der Aktivgeschichte und lassen Sie sie ggf. den Inhalt nochmals kurz nacherzählen.

- Ermuntern Sie die Kinder, von eigenen Beobachtungen, Erfahrungen und evtl. Erlebnissen mit Spinnen zu berichten. Sicherlich werden in diesem Zusammenhang auch erste negative Reaktionen wie Ängste und Ekel zur Sprache kommen. Lassen Sie die Kinder Gründe dafür nennen.

- Sammeln Sie gemeinsam erste Informationen zum Aussehen und zur Lebensweise einer Spinne. Folgenden Fragestellungen können die Kinder dabei nachgehen:

  – Wie sehen Spinnen aus? Was unterscheidet sie von Insekten?

  – Warum bauen Spinnen Netze?

  – Wie bauen Spinnen Netze?

  – Wie produzieren sie die Fäden? Gibt es verschiedene Arten von Fäden?

- Erarbeiten Sie mit den Kindern, dass Spinnen sich überwiegend von Insekten ernähren und damit für die Natur sehr wichtig und nützlich sind. Es gibt daher keinen Grund, Spinnen zu töten oder ihre Netze zu zerstören!

- Bei einem Spaziergang zu einer nahegelegenen Hecke, an einen Waldrand, in einen Garten oder zu einer Streuobstwiese halten die Kinder Ausschau nach Spinnennetzen. Im Netz oder in der Nähe des Netzes können sie vermutlich auch die Spinne beobachten.

- Versuchen Sie gemeinsam mithilfe eines Bestimmungsbuchs die Namen der entdeckten Spinnen herauszufinden.

- Wenn die Kinder Fragen haben, die nicht sofort beantwortet werden können, notieren Sie diese auf einem Block. Im Kindergarten klären Sie diese Fragen mithilfe entsprechender Sachbücher gemeinsam.

Tipps:

- Wenn Sie vor dem Erkundungsgang über Spinnennetze gesprochen haben, können die Kinder mit einem dünnen Holzstab vorsichtig die Spinnennetzfäden berühren und testen, welche Fäden klebrig sind und welche nicht.

- Damit die Kinder ihre neuen Eindrücke kreativ verarbeiten können, eignen sich im Anschluss die Angebote der Seiten 43 bis 45.

Name:

Die Kreuzspinne

Male die Kreuzspinne aus. Ergänze das Spinnennetz.

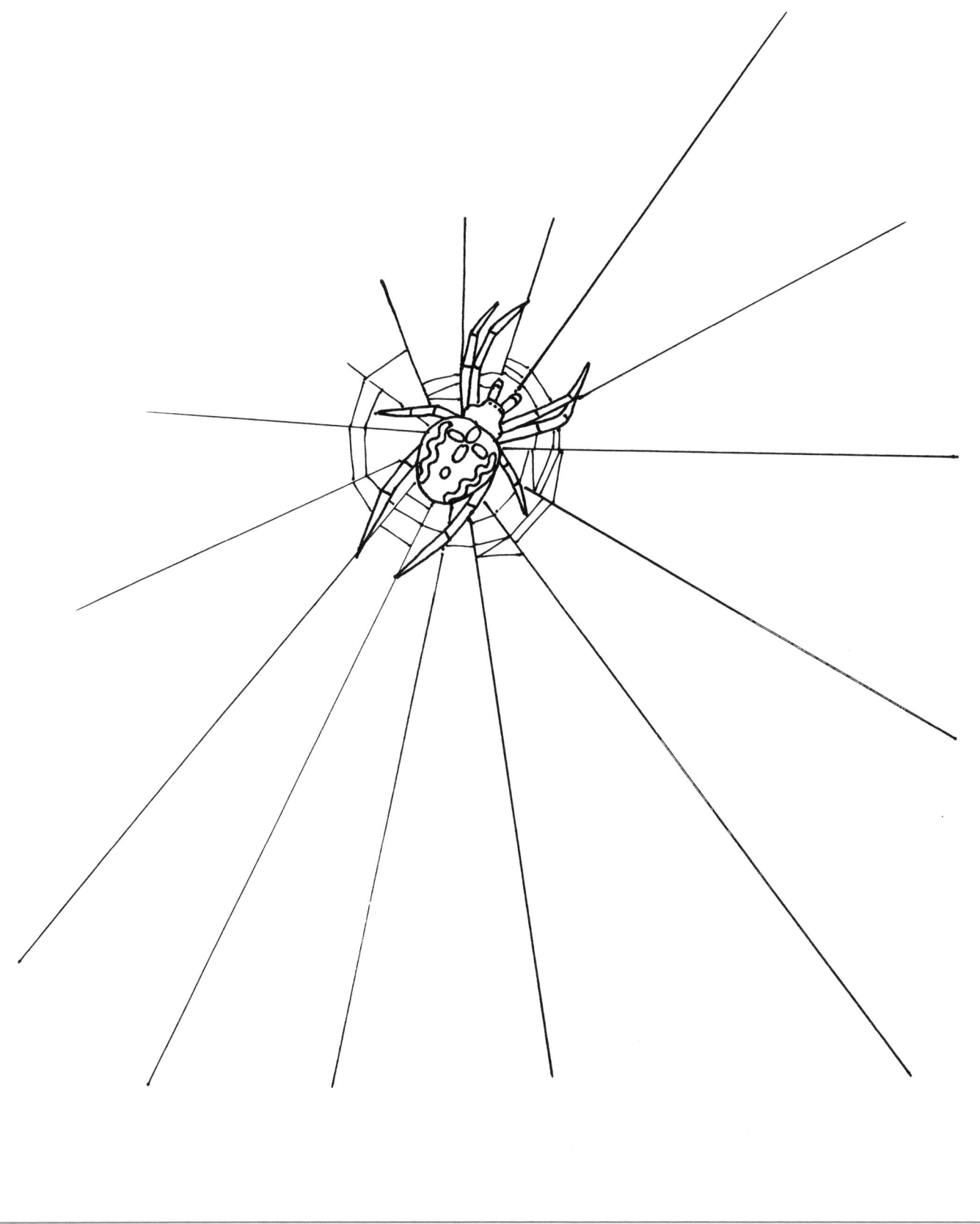

Kreativität und Musik

Thema:
Spinnen

Kompetenzbereiche:
Feinmotorik weiterentwickeln,
Kreativität entfalten

**Angrenzender
Bildungsbereich:**
Forschen und entdecken

Kinder:
4–6

Schwierigkeitsgrad:
★ ☆ ☆ ☆ ☆ ☆

Vorbereitung:
5 Min.

Aktivität:
10 Min.

Material:
ggf. Bild einer Spinne oder
Kopie der Kinderseite „Die
Kreuzspinne" (S. 43), evtl.
Buntstifte, farbiges Papier,
Klebstoff

Material pro Kind:
Malkasten, Pinsel, Zeichen-
blockblatt DIN A4

Spinnendruck

An die Aktivgeschichte, das Gespräch und den Ausflug (siehe S. 42)
anknüpfend, kann jedes Kind mit einer einfachen Drucktechnik eine Spinne
gestalten.

So geht's:

- Lassen Sie die Kinder nochmals die Besonderheiten des Körperbaus
  einer Spinne wiederholen: zweiteiliger Körper, acht Beine, keine Fühler.

- Schlagen Sie den Kindern vor, Spinnen auf Papier zu drucken.

- Die Kinder bemalen dafür eine Handfläche und vier Finger (außer Daumen)
  mit Wasserfarbe und drücken die Hand auf das Papier.

- Dann bemalen sie die Handfläche und Finger nochmals mit Farbe und
  drücken sie entgegengesetzt auf den ersten Handabdruck, sodass rechts
  und links vom Handflächenabdruck die Finger als Spinnenbeine zu sehen
  sind.

- Zum Schluss bemalen die Kinder nochmals die Handfläche und drucken
  sie als Hinterleib neben den Vorderleib mit den Beinen.

- Wenn die Farbe trocken ist, können die Kinder die Spinnen noch mit
  Buntstiften bemalen oder mit farbigen Papierschnipseln bekleben.

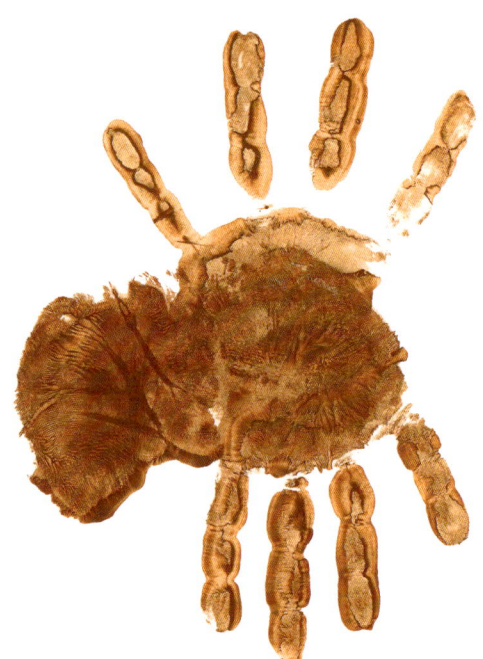

Tipps:

- Wenn die Kinder für den ersten Druck die eine Hand und für den zweiten
  die andere Hand verwenden, werden die Spinnenbeine symmetrisch.

- Die Spinnen kann man ausschneiden und in die geknüpften Netze (siehe
  S. 53) setzen.

Meine Kreuzspinne

Beim plastischen Gestalten haben die Kinder die Möglichkeit, ihr neu gewonnenes Wissen über Spinnen, ihre Erlebnisse, aber auch Empfindungen in kreativer Form auszudrücken. Ihre Hände setzen die Bilder um, die im Kopf entstehen. Dabei wirken sich auch Gefühle auf den gestalterischen Prozess aus: Ein Kind mit großer Angst vor Spinnen arbeitet anders als eines, das Spinnen großartig findet. Entsprechend verschieden sind die Resultate.

So geht's:

- Erinnern Sie die Kinder an die Aktivgeschichte und den gemeinsamen Ausflug zum Betrachten von Spinnen. Die Kinder beschreiben nochmals das Aussehen einer Spinne. Halten Sie ggf. ein Bild einer Spinne bereit.

- Schlagen Sie vor, selbst eine Spinne zu gestalten, und bieten Sie den Kindern dafür als Technik Salzteig oder Kastanien an.

- Für die erste Variante bereiten Sie nach folgendem Rezept Salzteig vor: 2 Tassen Weizenmehl, 1 Tasse Salz und etwas Wasser miteinander verkneten, bis ein glatter, geschmeidiger Teig entsteht. Zum Aufbewahren luftdicht verschließen.

  – Die Kinder formen aus Salzteig einen zweiteiligen Spinnenkörper.

  – Mit Schaschlikstäbchen verzieren sie den Spinnenkörper mit Mustern oder drücken kleine Knetkügelchen darauf.

  – Vor dem Backen des Salzteigs stechen die Kinder noch Löcher für die acht Beine in den Spinnenvorderleib.

  – Die Spinnenkörper etwa 20 bis 30 Minuten bei ca. 120 bis 150 Grad im Ofen backen. Die Backdauer und -temperatur der Dicke und Größe der Teile anpassen.

  – Nach dem Auskühlen der Spinnenkörper stecken die Kinder aus Pfeifenputzern Beine hinein und winkeln diese im letzten Drittel so ab, dass der Eindruck von „Krabbelbeinen" entsteht.

  – Zum Schluss gestalten die Kinder die Spinnen noch farbig.

- Für die zweite Variante benötigen die Kinder zwei Kastanien und Streichhölzer, von denen Sie zuvor den Zündkopf abgebrochen haben.

  – Die Kinder stechen mit einem Vorbohrer in jede der beiden Kastanien ein Loch und verbinden sie mit einem gekürzten Streichholzstück.

  – Für die Beine stecken die Kinder ebenfalls Streichhölzer in acht vorgebohrte Löcher. Damit die Beine besser halten, können die Streichhölzer vor dem Hineinstecken mit etwas Klebstoff bestrichen werden.

  – Zum Schluss gestalten die Kinder den Spinnenkörper, indem sie mit Acrylfarbe ein Kreuz, Augen und einen Mund aufmalen.

Tipps:

- Statt Salzteig können die Kinder auch farbige Knete verwenden.

- Die Kastanien können auch mit Zahnstochern verbunden werden. Die Zahnstocher für die Beine werden etwa einen Zentimeter unterhalb einer Spitze vorsichtig geknickt, sodass die Beine abgewinkelt sind.

Thema:
Spinnen

Kompetenzbereiche:
Feinmotorik weiterentwickeln, Kreativität entfalten, Gestaltungstechnik kennenlernen

Angrenzender Bildungsbereich:
Forschen und entdecken

Kinder:
4–6

Schwierigkeitsgrad:
★ ★ ★ ☆ ☆ ☆

Vorbereitung:
5 Min.

Aktivität:
10 Min.

Material:
ggf. Bild einer Spinne oder Kopie der Kinderseite „Die Kreuzspinne" (S. 43), Salzteig, Pfeifenputzer, Kastanien, Streichhölzer, Acrylfarbe, Pinsel, Vorbohrer oder Dosenstecher

Kreativität und Musik

Lied: Die Krabbelspinne

Melodie wie „Spannenlanger Hansel"
Text: Monika Burger

Es krab-belt ei-ne Spin-ne im Re-gen-rohr em - por,

es reg-net und die Spin-ne kommt un-ten wie-der vor.

Dann scheint die Son - ne und trock-net al - les auf.

Da krab-belt un-sre Spin - ne von Neu-em wie-der rauf.

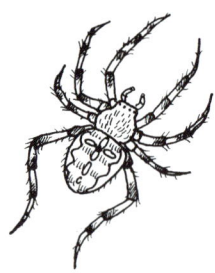

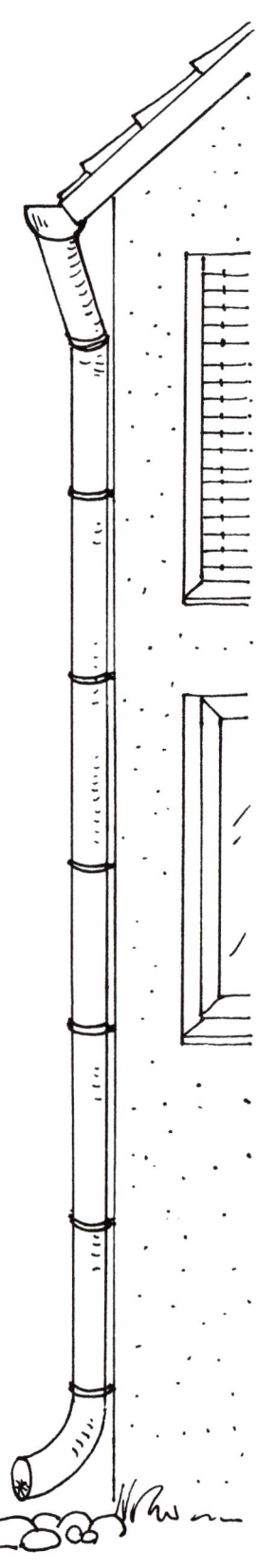

Für erste englische Spracheindrücke können Sie das Lied
auch im Original singen:

The itsy bitsy spider climbed up the water spout.
Down came the rain and washed the spider out.
Out came the sun and dried up all the rain,
and the itsy bitsy spider climbed up the spout again.

Englischer Kinderreim
(Nursery Rhyme)

Fingerspiel: Die Krabbelspinne

Das Lied „Die Krabbelspinne" (Seite 46) können die Kinder gestisch begleiten. Wenn sie auf diese Weise den Inhalt veranschaulichen, prägen sie sich den Text leichter ein. Das rhythmische Sprechen bzw. Singen trainiert zugleich ihr Sprachgefühl.

Es krabbelt eine Spinne im Regenrohr empor,	*mit den Fingern einer Hand am anderen Arm von der Hand zur Schulter hochkrabbeln*
es regnet und die Spinne kommt unten wieder vor.	*beide Hände mit zappelnden Fingern vor dem Körper von oben nach unten bewegen*
Dann scheint die Sonne und trocknet alles auf	*mit ausgestreckten Armen einen großen Kreis vor dem Körper beschreiben*
Da krabbelt unsre Spinne von Neuem wieder rauf.	*mit den Fingern einer Hand am anderen Arm von der Hand zur Schulter hochkrabbeln*

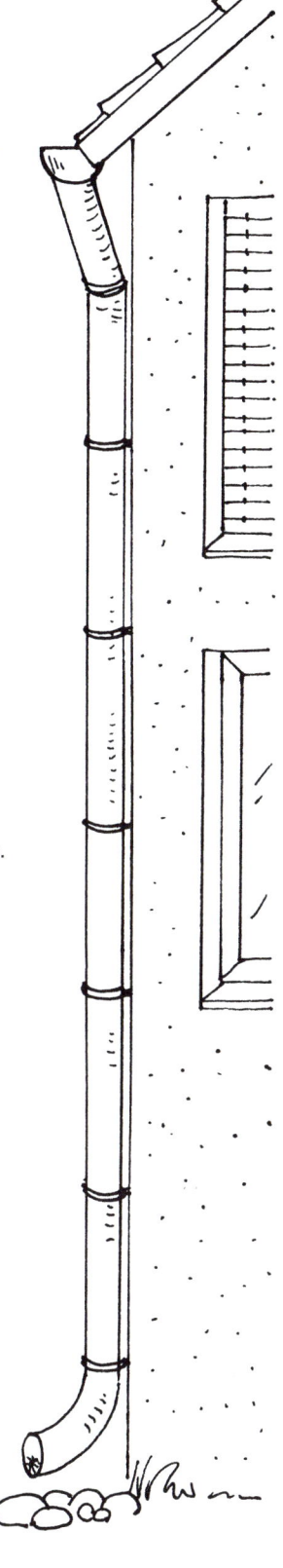

Varianten:

- Eine etwas größere Anforderung an die Feinmotorik stellt das Krabbeln der Spinne mit folgender Fingertechnik dar:

  – Die linke Daumenspitze wird an die rechte Zeigefingerspitze gelegt und die rechte Daumenspitze an die linke Zeigefingerspitze.

  – Nun eine der beiden Verbindungen öffnen, beide Hände gegengleich um die zweite Daumen-Zeigefinger-Verbindung herumdrehen und schließlich wieder den Daumen an den Zeigefinger legen.

  – Jetzt die andere Daumen-Zeigefinger-Verbindung lösen und wie oben verfahren.

  – Beide Bewegungen mehrmals wiederholen.

- Sprechen bzw. singen Sie zu den Bewegungen abwechselnd die deutsche und die englische Version. So verinnerlichen die Kinder auch die Bedeutung der englischen Worte.

Kreativität und Musik

Lied: Die Spinne

Text und Melodie: Yvonne Wagner

Refrain:
Spin-nen brau-chen vie - le Bei - ne, hän - gen da - mit an der Lei - ne,
krab - beln rum ganz oh - ne Hetz auf dem schö - nen Spin - nen - netz.

1. Ach, wie ich mich täg - lich quä - le, wenn ich mei - ne Bei - ne zäh - le:
Eins und zwei und drei und vier, das reicht aus für je - des Tier,
fünf und sechs, wär doch ge - lacht, sie - ben, acht!

2. Und wenn ich dann Hunger habe,
   gibt es gar kein Fressgelage.
   Warten muss ich viele Stunden.
   Fliegen machen ihre Runden.
   Jetzt klebt eine an der Leine – das ist meine!

3. Doch mein Leben ist auch heiter.
   Schließlich zieh ich immer weiter.
   Baue hier und da mein Netz,
   wo ich mich am liebsten setz.
   Dort genieß ich meine Ruh – immerzu!

Tanz: Die Spinne

Nachdem die Kinder das Spinnenlied kennengelernt haben und sicher singen können, bietet es sich an, den Gesang mit einfachen Tanzbewegungen zu begleiten.

Eine gerade Anzahl Kinder stellt sich für den Tanz im Kreis auf, der das Radnetz der Spinne symbolisiert. Nun zählen die Kinder abwechselnd mit „1" und „2" durch, sodass zwei Gruppen entstehen.

Für den Tanz während des Refrains drehen sich die Kinder mit der Nummer 1 um eine Vierteldrehung nach rechts und die Kinder mit der Nummer 2 um eine Vierteldrehung nach links, sodass Paare entstehen.

Spinnen brauchen viele Beine.	*Die Kinder stehen sich paarweise gegenüber und bewegen abwechselnd den linken und den rechten Arm mit einer Art Kraulbewegung über den Kopf nach vorn.*
Hängen damit an der Leine.	*Die Paare fassen sich an den Händen und lassen ihre Körper nach hinten hängen.*
Krabbeln rum ganz ohne Hetz	*Die Kinder stellen sich wieder hin und drehen sich an den Händen haltend einmal im Kreis.*
auf dem schönen Spinnennetz.	*Die Kinder lösen die Handhaltung und stellen sich wieder nebeneinander in den Kreis.*

Die Schritte sind bei jeder Strophe gleich. Während der Strophen bewegt sich die eine Hälfte der Kinder auf der Kreislinie, die andere Hälfte tanzt zur Kreismitte hin. Bei der ersten Strophe führen die Kinder mit der Nummer 1 den Tanz aus, bei der zweiten Strophe die Kinder mit der Nummer 2 und bei der dritten Strophe wieder die erste Gruppe. Die jeweils übrigen Kinder gehen währenddessen jeweils im Uhrzeigersinn außen im Kreis herum.

1. Ach, wie ich mich täglich quäle,	*Die Kinder gehen langsam in die Kreismitte und fassen sich an den Händen.*
wenn ich meine Beine zähle:	*Sie strecken nacheinander beide Füße nach vorn und stellen sie jeweils auf die Ferse.*
Eins und zwei und drei und vier,	*Die Kinder hüpfen mit vier Nachstellschritten gegen den Uhrzeigersinn seitlich im Kreis.*
das reicht aus für jedes Tier,	
fünf und sechs, wär doch gelacht,	*Sie hüpfen mit zwei Nachstellschritten im Uhrzeigersinn seitlich im Kreis.*
Pause	*Die Kinder klatschen zweimal in die Hände.*
sieben, acht!	*Die Kinder hüpfen mit beiden Beinen zweimal rückwärts, sodass sie wieder im äußeren Kreis zwischen jeweils zwei Kindern zum Stehen kommen.*

Beim nachfolgenden Refrain tanzen die Kinder jeweils mit einem neuen Partner zusammen.

Kreativität und Musik

Thema:
Spinnennetz

Kompetenzbereiche:
Wissen erweitern,
Umgang mit Medien erleben

Angrenzende Bildungsbereiche:
Forschen und entdecken,
Sprache und Literacy

Kinder:
6–8

Schwierigkeitsgrad:
★ ★ ★ ★ ☆ ☆

Vorbereitung:
5 Min.

Aktivität:
60 Min. (Ausflug)

Material:
Bilder von verschiedenen Spinnennetztypen, Foto-apparat, Notizblock, Bleistift

Spinnennetze fotografieren

Wenn sich die Kinder mit dem Aussehen und der Lebensweise von Spinnen auseinandergesetzt haben, können anschließend Spinnennetze im Mittel-punkt der Betrachtung stehen. Bei diesem Angebot werden die Kinder selbst aktiv und halten ihre Beobachtungen auf Fotos fest. Auf diese Weise üben sie den kreativen Umgang mit Medien.

So geht's:

- Leiten Sie ein Gespräch über Spinnen und ihren Netzbau ein, bei dem die Kinder bereits erworbenes Wissen wiederholen und evtl. auch von der Aktivgeschichte berichten. Erinnern Sie sie insbesondere an die Tageszeit, zu der Spinnen ihre Netze erstellen.

- Schlagen Sie den Kindern vor, einen Erkundungsgang zu Spinnennetzen zu machen. Stellen Sie dafür gemeinsam folgende Überlegungen an:

  – Welche Typen von Spinnennetzen (außer Radnetzen) gibt es? (z. B. Trichternetz, Dreiecksnetz)

  – Wo kann man Spinnennetze entdecken?

  – Wann (Jahreszeit/Tageszeit) kann man Spinnennetze besonders gut entdecken? (Herbst/Morgen)

- Damit die Kinder die kunstvollen Spinnennetze länger betrachten können, stellen Sie in Aussicht, die Netze zu fotografieren.

- Bieten Sie den Kindern daher zunächst die Gelegenheit, ihr Wissen über die Funktions- und Bedienweise eines Fotoapparats zu äußern. Ergänzen Sie, falls nötig, weitere Informationen.

- Erklären Sie den Kindern auch die Makro-Funktion der Kamera (meist durch ein Blumensymbol gekennzeichnet). Damit entstehen klare Groß-aufnahmen, bei denen selbst die kleinsten Details noch erkennbar sind. Diese Bilder können Sie später am PC noch weiter vergrößern.

- Legen Sie gemeinsam einen Termin für den Ausflug fest und besprechen Sie Verhaltensregeln, wie z. B. keine Spinnennetze zu berühren oder zu zerstören.

- Die Kinder versammeln sich möglichst früh am Morgen für den Erkun-dungsgang. Zu dieser Tageszeit kann man die Netze besonders gut sehen, da sie noch mit Tau überzogen sind und schön in der Sonne glitzern.

- Lassen Sie die Kinder während des Ausflugs selbst entscheiden, wo sie nach Netzen suchen möchten.

- Reihum darf jedes Kind mindestens ein Foto eines Spinnennetzes machen. Notieren Sie, welches Bild von welchem Kind stammt.

Tipp:

Nehmen Sie eine mit Wasser gefüllte Pump-Sprühflasche mit sehr feiner Sprühdüse mit. Wenn die Spinnennetze nicht gut sichtbar sein sollten, weil sie z. B. zu trocken sind, können die Kinder sie vorsichtig mit etwas Wasser besprühen. Der feine Sprühnebel bleibt an den Fäden der Netze in Perlen hängen und stört die Tiere nicht.

Spinnennetze präsentieren

Im Anschluss an den Erkundungsgang werden die selbst gemachten Fotos der Spinnennetze ausgewertet. Falls möglich, drucken Sie sie direkt auf Fotopapier oder bestellen sie bei einem Fachhändler. Eine von den Kindern gestaltete Dokumentation zeigt, was sie erlebt und dabei gelernt haben. So üben die Kinder den kreativen Umgang mit Medien und reflektieren ihre Erlebnisse.

So geht's:

- Wenn Sie die Möglichkeit haben, die Fotos auszudrucken, können die Kinder dabei mithelfen. Ansonsten dauert es ein paar Tage, bis Sie die Bilder beim Fachhändler abholen können.

- Sobald alle Fotos vorliegen, werden sie gemeinsam durchgesehen:

  – Was sieht man auf dem Bild?

  – Welche Art von Spinnennetz ist abgebildet?

  – Wie heißt die Spinne, die das abgebildete Netz gebaut hat?

  – Welches Kind hat das Foto gemacht?

  – Gibt es im Zusammenhang mit dem Bild ein besonderes Erlebnis?

- Notieren Sie alle Informationen auf Papier, das später in Streifen geschnitten und unter die Bilder geklebt werden kann. Alternativ ist es auch möglich, dass Sie den Text gemeinsam mit den Kindern in ein Textverarbeitungsprogramm am PC eingeben, anschließend ausdrucken und das Papier entsprechend zuschneiden.

- Schreiben Sie unbedingt auch die weiteren Erlebnisse und Berichte der Kinder zu den Fotos auf. Denn erst diese zeigen, was den Kindern beim Erkundungsgang wichtig war und warum sie genau ihr Motiv ausgewählt und fotografiert haben.

- Da die Farbe Schwarz als Hintergrund die Fotos am besten zur Geltung bringt, kleben die Kinder nun ihre Bilder für die Dokumentation auf schwarzen Fotokarton. Überlegen Sie gemeinsam mit den Kindern, wie die Fotos angeordnet werden sollen: z. B. verschiedene Netze nebeneinander oder ein Netz jeweils mit der dazugehörigen Spinne.

- Die gesammelten Informationen und der Name des Kindes, das das Bild erstellt hat, werden auf Papierstreifen daruntergeklebt.

- Hängen Sie die Bilder gemeinsam mit den Kindern an einer Wand im Kindergarten auf oder legen Sie sie in eine große Mappe (mit gestaltetem Deckblatt), die von Interessierten durchgeblättert werden kann.

- Nun sollten die an der Dokumentation beteiligten Kinder die Möglichkeit bekommen, ihre Arbeit den anderen Kindern der Gruppe vorzustellen.

Variante:

Erstellen Sie gemeinsam mit den Kindern am PC aus den Bildern ein Fotobuch, das Sie online bei verschiedenen Anbietern (z. B. Drogeriemarkt) bestellen können. Die Gestaltung der einzelnen Seiten ist zwar etwas aufwändig, aber so bekommt jedes der beteiligten Kinder ein eigenes Buch zur Erinnerung.

Thema:
Spinnennetz

Kompetenzbereiche:
Wissen erweitern, Umgang mit Medien erleben, Naturerfahrungen kreativ umsetzen

Angrenzende Bildungsbereiche:
Forschen und entdecken, Sprache und Literacy

Kinder:
6–8

Schwierigkeitsgrad:
★ ★ ★ ★ ☆ ☆

Vorbereitung:
5 Min.

Aktivität:
60 Min.

Material:
PC, Drucker, Fotopapier, weißes Papier, Stift, Schere, mehrere Bögen schwarzer Fotokarton, Sprühkleber

Kreativität und Musik

Thema:
Spinnennetz

Kompetenzbereiche:
Kreativität entfalten, Feinmotorik weiterentwickeln,
Gestaltungstechnik kennenlernen

**Angrenzender
Bildungsbereich:**
Forschen und entdecken

Kinder:
4–6

Schwierigkeitsgrad:
★ ★ ☆ ☆ ☆

Vorbereitung:
5 Min.

Aktivität:
10 Min.

Material:
100 g Mehl, 20 g Salz,
ca. ½–¾ Tasse lauwarmes
Wasser, große Rührschüssel,
Kochlöffel, Esslöffel, Schere

Material pro Kind:
schwarzes Tonpapier, eine
dünne Plastiktüte (1 Liter)

Spinnennetze gestalten

Nachdem die Kinder mehrmals Gelegenheit hatten, Spinnennetze zu beobachten, können sie nun selbst versuchen, ein Netz auf Papier zu gestalten.
Ähnlich wie die Spinne den Faden aus ihren Spinndrüsen austreten lässt,
so drücken die Kinder bei diesem Angebot den Mehlbrei auf das Papier,
sodass plastische Spinnennetze entstehen.

So geht's:

- Reflektieren Sie noch einmal mit den Kindern, wie ein Spinnennetz aussieht und welche Spinnennetztypen es gibt (siehe S. 41 und 50).

- Schlagen Sie vor, nun selbst ein Spinnennetz zu gestalten und zeigen Sie
  die Technik: Der Mehlbrei wird durch ein kleines Loch in einer Plastiktüte
  auf das Papier gespritzt.

- Die Kinder verrühren das Mehl mit dem Salz (für Glitzereffekt) und lau-
  warmem Wasser in einer großen Rührschüssel. Es soll ein zäher, dick-
  flüssiger Brei entstehen.

- Jedes Kind füllt nun in seinen Plastikbeutel etwa drei bis vier Esslöffel
  Mehlbrei und verschließt die Tüte mit einem Knoten.

- Schneiden Sie an einer der unteren Ecken der Tüte ein kleines Stück ab,
  sodass ein kleines Loch entsteht. Das Loch darf nicht zu groß sein, notfalls nochmals nachschneiden.

- Jedes Kind umfasst nun die Plastiktüte mit der ganzen Hand und drückt
  leicht zu, bis aus dem Loch an der Spitze etwas Mehlbrei herauskommt.

- Nun lenken sie den „Spinnenfaden" auf dem Tonpapier so, dass nach und
  nach ein Spinnennetz entsteht.

- Zum Beenden einer Linie drücken die Kinder die Tütenspitze kurz vorsichtig auf die gezeichnete Linie.

- Die Kinder lassen ihr fertiges Spinnennetz trocknen und hängen es
  anschließend auf.

Varianten:

- Statt einer Plastiktüte können die Kinder auch ausgewaschene Spender-
  flaschen von Honig, Ketchup o. Ä. verwenden. Nicht geeignet sind
  dagegen Teigspritztüten (Öffnungen sind zu groß) und Einwegspritzen
  (für Kinder schwer steuerbar).

- Wer die Netze farbig gestalten möchte, rührt in den Mehlbrei etwas
  Lebensmittel- oder Acrylfarbe.

Ein Spinnennetz weben

Aus der Aktivgeschichte und in Gesprächen haben die Kinder erfahren, wie Spinnen ihre Netze weben (siehe S. 41/42). Besonders jüngere Kinder verinnerlichen das Thema besser, wenn sie selbst Netze herstellen können. Eine einfache Möglichkeit ist das Wickeln von Fäden um Stuhlbeine, wobei die Kinder zugleich ihre motorischen Fähigkeiten trainieren.

So geht's:

- Erinnern Sie die Kinder nochmals an die Spinne Aranea und ihren Netzbau in der Aktivgeschichte. Die Kinder wiederholen die einzelnen Schritte, wie ein Spinnennetz entsteht: zuerst Rahmen und Speichen, dann der Spiralfaden.

- Bieten Sie den Kindern an, aus Wolle selbst ein Netz um die Stuhlbeine eines Hockers herumzuweben.

- Jedes Kind dreht einen Hocker um, sodass die Stuhlbeine in die Luft ragen. Achten Sie darauf, dass der Hocker sicher steht und nicht um- oder herabfallen kann.

- Zuerst befestigen die Kinder das Wollfadenende mit einem Knoten an einem Stuhlbein.

- Jedes Kind versucht nun, zwischen den Stuhlbeinen ein Kreuz herzustellen:

  - Den Faden zum diagonal gegenüberliegenden Bein ziehen.

  - Dann den Faden um das danebenliegende Bein wickeln, um zur nächsten Achse zu gelangen.

  - Nun den Wollfaden quer über den ersten Faden ziehen.

- Nun können die Kinder außen um die Stuhlbeine herum den Rahmen ziehen.

- Je nach Geschick weben die Kinder weitere Speichen ein, wobei sie die Fäden jeweils mit einem einfachen Knoten an den bereits vorhandenen Fäden (Speichenmitte und Rahmenfäden) befestigen sollten, damit das Netz stabil wird.

- Zum Schluss wird ein Spiralfaden eingewebt, wobei die Kinder den Faden abwechselnd über und unter einer Speiche durchziehen.

- Wenn das Netz stabil geknotet wurde, kann es zum Schluss vorsichtig abgenommen und an der Wand aufgehängt werden.

Varianten:

- Schlagen Sie oder ein Kind auf ein Holzbrett fünf bis sechs große Nägel sternförmig ein. Die Kinder weben dann zuerst die Speichen- und Rahmenfäden und versuchen zum Schluss, einen Spiralfaden (evtl. mit Wolle in einer anderen Farbe) einzuziehen.

- Besorgen Sie ein altes Rad eines Fahrrads oder Rollers. Die Kinder können dann um die Speichen kreisförmig einen Wollfaden weben.

Thema:
Spinnennetz

Kompetenzbereiche:
Motorik weiterentwickeln, räumliche Wahrnehmung verfeinern

Angrenzender Bildungsbereich:
Forschen und entdecken

Kinder:
2–4

Schwierigkeitsgrad:
★ ★ ★ ☆ ☆

Vorbereitung:
–

Aktivität:
10–15 Min.

Material:
–

Material pro Kind:
Hocker (ohne Lehne), Wollknäuel

Kreativität und Musik

Thema:
Netze

Kompetenzbereiche:
Feinmotorik und Kooperationsfähigkeit weiterentwickeln

**Angrenzender
Bildungsbereich:**
Körper, Bewegung und
Gesundheit

Kinder:
6–8

Schwierigkeitsgrad:
★ ★ ☆ ☆ ☆

Vorbereitung:
–

Aktivität:
5–10 Min. (pro Runde)

Material:
–

Material pro Kind:
kleines, fest gewickeltes
Woll- oder Schnurknäuel

Auf die Spinne, fertig, los!

Als Ergänzung zum Thema „Spinnennetze" eignet sich folgendes Spiel, bei
dem die Kinder im Gegensatz zu den bisherigen Angeboten, bei denen sie
Netze erstellt haben, nun ein Netz entwirren sollen.

So geht's:

- Erinnern Sie die Kinder an die Spinne Aranea, die aus Fäden ein Spinnennetz spinnt.

- Schlagen Sie den Kindern ein Spiel vor, bei dem sie einen Faden auf-
wickeln und damit ein Netz entwirren sollen.

- Die Kinder stellen sich in einem großen Raum oder im Freien im Kreis auf.
Jedes Kind hält ein Schnur- oder Wollknäuel in der Hand.

- Die Kinder halten nun das Schnur- bzw. Wollfadenende fest und werfen
auf ein Zeichen hin das Knäuel in Richtung Kreismitte. Die Fäden kreuzen
sich und die Knäuel landen auf dem Boden.

- Die Kinder versuchen nun so schnell wie möglich ihren Faden vom Ende
her wieder aufzuwickeln und zum Knäuel zu gelangen.

- Dafür müssen sie sich mit den anderen Kindern beim Entwirren ab-
sprechen, über Fäden steigen oder unter Fäden hindurchkriechen.

- Wer seinen Faden als erstes aufgewickelt hat, gibt das Signal für die
nächste Runde.

Ein Netz knüpfen

Das Thema „Netze" begegnet Kindern nicht nur bei Spinnen, sondern auch in anderen Lebensbereichen. Nach einem Gespräch knüpfen sie mithilfe verschiedener Knoten selbst ein Netz.

So geht's:

- Regen Sie ein Gespräch zum Thema Netze an. Die Kinder erzählen und tauschen sich über folgende Fragen aus:

  - Wer braucht Netze? (Fischer, Sportler, Privatleute)

  - Wozu werden sie benutzt? (z. B.: Fischernetz, Sportarten wie Tennis, Fußball, Basketball, Moskitonetz, Einkaufsnetz, Haarnetz, zur Vogelabwehr bei Kirschbäumen)

  - Was ist für ein Netz typisch? (Schnur, Knoten als Verbindung, Löcher)

- Jedes Kind nimmt nun vorbereitete Schnüre und übt die folgenden Knoten:

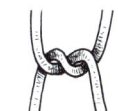 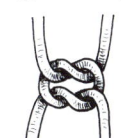

Verbindungsknoten   Kreuzknoten

- Beide Knoten sollten die Kinder sicher beherrschen und den Doppelknoten auch in beiden Richtungen (einmal die eine Schnur vorn, dann die andere) anfertigen können.

- Jedes Kind nimmt nun die vier vorbereiteten Schnüre und befestigt sie mit dem Knoten „Ankerstich" nebeneinander an dem Stab: Die Schnur wird in der Mitte zusammengelegt, sodass sie eine Schlaufe bildet und hinter dem Stab gehalten. Nun werden die beiden anderen Enden von vorn durch die Schlaufe und nach unten festgezogen.

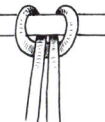

Ankerstich

- Der Stab, an dem nun acht Schnüre herunterhängen, wird mit Klemmen an einem Tisch oder einem Fensterbrett befestigt.

- Die Kinder nehmen nun jeweils zwei Fäden (2/3, 4/5, 6/7) und knoten sie mit einem Doppelknoten aneinander. Dabei benutzen sie zweimal genau den gleichen einfachen Bindknoten, von derselben Seite her. So zieht er sich fest zusammen und die Schnüre bleiben an der ausgewählten Stelle.

- In der nächsten Reihe, etwa fünf Zentimeter tiefer, verknoten sie die folgenden Fäden: 1/2, 3/4, 5/6 und 7/8. Dann wieder wie in der ersten Reihe und immer weiter, bis die Schnur aufgebraucht ist.

- Das fertige Netz schieben die Kinder von dem Stab herunter. Dabei lösen sich die oberen Schlaufen auf.

Tipps:

- Das Netz eignet sich als „Pinnwand", an die mit Wäscheklammern Notizzettel oder Bilder geklemmt werden können.

- Wenn die Kinder ein Netz aus „schönen Schnüren" herstellen, kann es an Scheibengardinenstangen ans Fenster gehängt werden. Verschiedene Dekorationen, wie z. B. Spinnen (siehe S. 45) können daran befestigt werden.

Thema:
Netze

Kompetenzbereiche:
Feinmotorik weiterentwickeln, Kreativität entfalten

Angrenzender Bildungsbereich:
Forschen und entdecken

Kinder:
3–5

Schwierigkeitsgrad:
★ ★ ★ ☆ ☆

Vorbereitung:
–

Aktivität:
15–30 Min.

Material:
–

Material pro Kind:
4 dickere Schnüre à ca. 60 cm, ein Stab (z. B.: Laternenstab, Kochlöffelstiel), 2 Klemmen

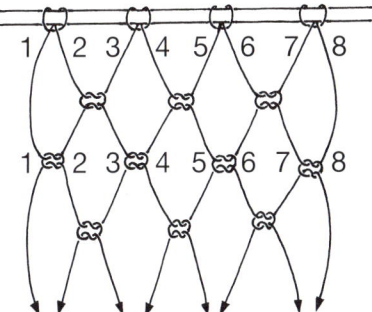

Forschen und entdecken

Vorbemerkungen

Kinder sind Forscher und Entdecker. Sie wollen die Welt, in der sie leben, verstehen und selbsttätig begreifen. Sie haben viele Fragen, die manchmal gar nicht so einfach zu beantworten sind: Warum werden die Blätter im Herbst bunt und fallen von den Bäumen? Woher kommt der Wind? Warum wird es kälter? Warum wird es früher dunkel?

Kindliche Fragen sind Ausdruck des Wunsches, sich die eigene Lebenswelt anzueignen und sich selbst als Teil dieses Gefüges zu erfahren. Ihr freudiges Interesse an alltäglichen Phänomenen ist ein großer Schatz. Denn mit der frühen Unterstützung ihres Vergnügens an naturwissenschaftlichen Themen kann eine Grundlage für die lebenslange Neugier an unserer Umwelt geschaffen werden. Die Sensibilisierung für die Schönheit der Erde steht dabei an erster Stelle. Dies schließt auch einen verantwortungsvollen Umgang mit den Ressourcen unseres Planeten mit ein. Schon im Gruppenalltag lernen die Kinder, beispielsweise beim Zähneputzen oder Händewaschen, sparsam mit Wasser umzugehen. Auf dem Außengelände des Kindergartens können sie Samen säen und das Wachstum von Blumen beobachten. Sie erleben das Pflanzen, Wässern und Ernten von Kräutern und vielleicht sogar von Gemüse. Im Herbst erfahren die Kinder, dass die Beete winterfest gemacht werden und in der kalten Jahreszeit ruhen.

Wenn es Kindern möglich ist, Bezüge zu ihrer Lebenswelt herzustellen, können sie auch scheinbar schwierige Sachverhalte begreifen. Je mehr Erfahrungen das Kind im Zusammenhang mit einem Thema machen kann – je größer also die Vernetzung von erlebten Wissensinhalten ist –, desto umfassender und anhaltender wird sein Wissen darüber sein. Auch seine Fähigkeit, selbstständig Verbindungen zwischen Erlebnissen zu knüpfen, wird durch ein ganzheitliches Lernkonzept gestärkt. Durch die aktive Aneignung von Wissen wird dieses in seiner Erinnerung verankert. Das Kind macht die für sein zukünftiges Leben wichtige Erfahrung, dass Lernen mit spannenden Fragestellungen verbunden ist und Freude bereitet.

Wissen und Orientierung in der Welt erlangen Kinder demnach durch direkte Anschauungsmöglichkeiten und die Aneignung kausaler Denkprozesse.

Auch der Aufbau sozialer Kompetenzen spielt in diesem Zusammenhang eine wichtige Rolle: Indem die Kinder mit- und voneinander lernen, werden sie nicht nur zu Entdeckern, sondern auch zu aktiven Gestaltern ihrer Erlebniswelten.

Aktivgeschichte

In der Aktivgeschichte „Der Herbststurm" unternehmen die Kinder Anton und Pia gemeinsam mit ihrem Opa bei strahlendem Sonnenschein einen Spaziergang durch den herbstlichen Wald. Sie beobachten, wie ein Eichhörnchen Vorräte für den Winter sammelt und sammeln selbst Pilze. Plötzlich ändert sich das Wetter. Der Himmel bewölkt sich und als ein Sturm aufzieht, erleben sie den Wind. Er weht Pia durch die Haare, weht Opas Hut weg und reißt an Antons Jacke. Als ein großer Ast herabfällt und es im Wald gefährlich wird, laufen sie nach Hause. Nach der Aufregung und der Bewegung an der frischen Luft entspannen alle bei Kakao und Keksen und basteln Drachen, während der Wind an den Fensterläden rüttelt.

Die Geschichte vermittelt zahlreiche Sachinformationen über die Veränderungen, die im Herbst in der Natur stattfinden. Die Kinder werden im Laufe der Geschichte mit verschiedenen herbstlichen Naturphänomenen konfrontiert: fallende Blätter, sich änderndes Wetter und ein Eichhörnchen, das Vorräte für den Winter sammelt. Sie erleben das Phänomen Wind von verschiedenen Seiten. Bei einem Sturm kann Wind sehr gefährlich sein. Wenn er aber nicht zu stark weht, kann der Wind auch Spaß machen, beim Drachen steigen lassen zum Beispiel. Indem die Kinder handlungsbegleitende Gesten ausführen und das Pfeifen des Windes nachahmen, werden sie aktiv an der Geschichte beteiligt.

Praxisseiten

Der größte Teil der Aktivitäten nimmt Bezug auf die Themen „Blätter im Herbst" und „Wind". Daher finden Sie zwei eigens für diese Themen aufbereitete Infoseiten (S. 63, S. 73).

Ein Gespräch zum Herbst (S. 62) dient als Grundlage und Hinführung zu einem gemeinsamen Erkundungsausflug in die Natur. Die neu gewonnenen Kenntnisse vertiefen die Kinderseiten (S. 65, 70, 78) auf spielerische Art. Ein Blätterlexikon (S. 66) erweitert und reflektiert das Wissen. Die Kinder erproben die Wirkung von Luft auf Blätter (S. 67) und setzen die dabei beobachteten Bewegungen rhythmisch zu einem passenden Herbstgedicht um (S. 68/69).

Die Kinder schulen ihre visuelle Wahrnehmung in der herbstlichen Natur und setzen ihre Beobachtungen zum Thema „Farben" kreativ um (S. 71/72).

Aufbauend auf ein Gespräch, in dem die Kinder ihre Erlebnisse mit dem Wind verarbeiten und ihr Sachwissen erweitern (S. 74), schult eine Sinnesübung die Wahrnehmung der Kinder (S. 75). Unterschiedliche Windstärken werden mit einem Windsack (S. 76) und einem Windspiel (S. 77) sichtbar gemacht. Der Bau eines Drachens vermittelt physikalische Grunderfahrungen (S. 79/80). Die Fantasiereise „Wenn ich ein Drachen wär" (S. 81) dient als Entspannungsübung, bei der Erlebnisse verarbeitet und kreativ umgesetzt werden können.

Ausflüge in die Natur und Spiele im Freien sind wichtige Voraussetzungen, um die Natur, die Lebenswelt der Pflanzen und Tiere, erforschen zu können. Vielleicht entstehen bei den Aktivitäten weitere Fragen, die sich mithilfe von Büchern beantworten lassen. Wenn Sie die Möglichkeit haben, besuchen Sie mit den Kindern eine Bibliothek. Die Kinder erfahren auf diese Weise auch, wie sie sich Informationen beschaffen können.

Lösungen

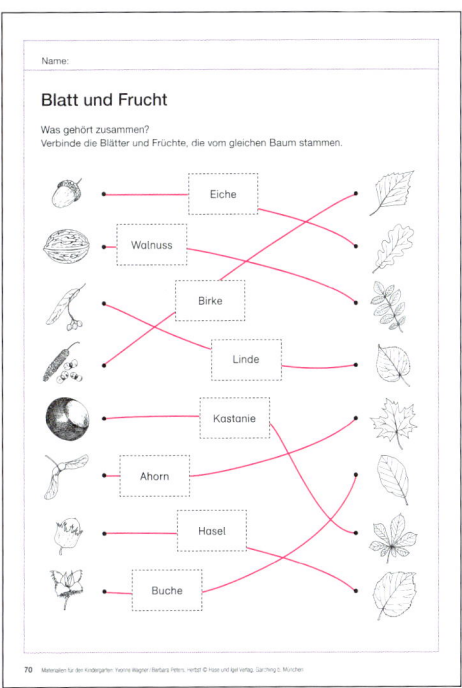

Seite 70

Seite 78

Aktivgeschichte: Der Herbststurm

Anton und Pia warten vor der Haustür.
Hoffentlich kommt Opa bald.
„Er schnürt nur noch seine Schuhe zu", erklärt Anton.
„Ach so", sagt Pia

von einem Bein auf das andere hüpfen

und **hüpft** ungeduldig **von einem Bein auf das andere**.

„Es kann losgehen", sagt Opa und zieht die Haustür hinter sich zu.
„Wohin gehen wir?", fragt Anton.
„In den Wald! In den Wald!", ruft Pia.
Opa schmunzelt: „Gut! Ein Waldspaziergang
ist genau das Richtige an so einem wunderbaren Herbsttag."

Opa hat recht. Dieser Tag ist besonders schön.
Die Sonne lacht vom blauen Himmel.

Zeigefinger auf die Lippen legen

Es ist vollkommen **windstill**

und in der Ferne sehen die Kinder schon
den rotgoldenen Herbstwald im Sonnenlicht.

Es dauert nicht lange und die drei Wanderer erreichen den Wald.

mit großen Schritten im Kreis gehen

Opa marschiert **mit gleichmäßig großen Schritten**

den Waldweg entlang.

mit kleinen Schritten im Kreis gehen

Antons **Schritte sind viel kleiner**.

Wo Opa einen Schritt macht, braucht Anton drei.

auf der Stelle hüpfen

Pia **hüpft** wie ein kleines Pferdchen.

Forschen und entdecken

Im Wald ist es ruhig.
Die Sonne scheint durch die Zweige und malt hier und da
Lichtflecken auf den Weg. Das sieht richtig toll aus.
„Pst!", flüstert Pia plötzlich

„Pst!" flüstern, Zeigefinger auf die Lippen legen

und **zeigt** in einen Baum **hinauf**.

mit dem Zeigefinger nach oben zeigen

Ein Eichhörnchen rennt flink den Baumstamm hinab.
Es trägt eine Eichel im Maul.
Als es unten angelangt ist, vergräbt es die Eichel
zwischen den Wurzeln.

Opa schmunzelt.
„Der kleine Kerl versteckt Vorräte für den Winter", erklärt er.
„Das Eichhörnchen ist so süüüüß!", ruft Pia
und **hüpft** schon wieder wie ein Gummiball auf und ab.

auf der Stelle hüpfen

Die drei Wanderer gehen weiter.
Opa macht **große Schritte**,

mit großen Schritten im Kreis gehen

Anton macht viele **kleine Schritte**

mit kleinen Schritten im Kreis gehen

und Pia **hüpft** wie immer.

auf der Stelle hüpfen

Im Wald gibt es so viel zu sehen:
Käfer und Ameisen krabbeln über die Wege.
Eicheln und Bucheckern liegen im Herbstlaub.
Opa entdeckt einen Steinpilz, den er gleich mitnimmt,
und Pia findet eine witzige, knorrige Wurzel.

Nach einer Weile fragt Anton: „Wo ist denn die Sonne geblieben?"
Da merken Opa und Pia es auch:
Am Himmel ziehen dunkle Wolken auf
und es ist ein bisschen kühler geworden.
Ein leichter Wind **weht**

vorsichtig gegen die flache Handfläche pusten

und **bewegt** die roten und gelben **Blätter** an den Zweigen.

beide Hände mit den Handflächen vor dem Körper hin und her drehen

„Vielleicht sollten wir lieber umkehren", meint Opa.
„Es wird ungemütlich."
„Och nein!", betteln Anton und Pia.
Sie wollen bis zu dem großen Ameisenhaufen laufen und
außerdem wäre es toll, wenn sie noch mehr Pilze finden würden.
Damit ist Opa einverstanden.
Gebratene Pilze mit Zwiebeln sind sein Leibgericht.

Forschen und entdecken

sehr kräftig gegen die flache
Handfläche pusten
„Huiiiui! Huiiiui!" rufen
die ausgebreiteten Arme auf
und ab bewegen
sich mit ausgebreiteten Armen
im Kreis drehen

Obwohl der Wind immer **stärker weht**, wandern sie weiter.

Nun hört man den Wind sogar schon **heulen**.
Er **rüttelt** an den Zweigen

und **wirbelt** bunte Blätter über den Boden.

Ab und zu knackst es in den Bäumen. Das hört sich unheimlich an.
„Das wird ein richtiger Sturm!", sagt Opa.
„Kommt, wir gehen so schnell wie möglich nach Hause!"
Er nimmt Pia an die eine Hand und Anton an die andere.
Sie machen sich auf den Heimweg.

laut „Huiiiui! Huiiiui!" rufen
Arme über den Kopf heben
und von einer Seite zu anderen
schwanken
mit großen Schritten im Kreis
gehen
auf der Stelle laufen

Der Wind **heult immer lauter**. Er fegt wild durch die Bäume.
Die Wipfel **schwanken** gefährlich **hin und her**.

Opa geht jetzt wirklich schnell. Er macht **riesige Schritte**.

Pia und Anton **laufen** so flink sie können neben ihm her.

Mittlerweile ist aus dem Wind ein echter Sturm geworden.
Er reißt an Antons Jacke. Er verwuschelt Pias Haare
und er packt Opas Hut und trägt ihn davon.
Die Herbstblätter **tanzen wild im Kreis**.

sich mit ausgebreiteten Armen
im Kreis drehen

Der Wind bläst Pia, Anton und Opa ins Gesicht.
Es wird immer schwieriger, gegen ihn anzulaufen.

sich vorgebeugt gegen den
imaginären Sturm stemmen

Sie müssen sich mit aller Kraft **gegen den Sturm stemmen**.

Pia und Anton halten Opas Hand ganz fest. Hoffentlich sind sie
bald zu Hause.

laut „Huiiiui! Huiiiui!" rufen
„Krawomm!" rufen

Der Sturm **heult** unheimlich und gefährlich.
Plötzlich **kracht** es.
Opa, Anton und Pia schauen sich erschrocken um:
Ein großer Ast liegt hinter ihnen mitten auf dem Weg.
Beinahe hätte er sie getroffen.
„Glück gehabt", murmelt Opa. „Wir müssen aus dem Wald
hinaus!"

sich vorgebeugt gegen den
imaginären Sturm stemmen

Sie **stemmen** sich wieder **gegen den Sturm**.

Sie laufen so schnell sie können.

mit großen Schritten im Kreis
gehen

Opa macht **große** Schritte.

mit kleinen Schritten auf der
Stelle rennen

Pia und Anton **rennen** mit vielen **kleinen Schritten** neben ihm her.

 Materialien für den Kindergarten: Yvonne Wagner / Barbara Peters, Herbst © Hase und Igel Verlag, Garching b. München

Der Herbststurm **heult** und tobt durch den Wald.	*laut „Huiiiui! Huiiiui!" rufen*
Das ist so unheimlich, dass Pia beinahe weinen muss.	
Doch da haben sie zum Glück den Waldrand erreicht.	
Auf dem Feld packt der Wind sie zwar noch fester, aber hier	
können wenigstens keine Äste oder Bäume auf sie herabstürzen.	
Jetzt ist es nicht mehr weit bis nach Hause.	
Der Sturm **heult** über das freie Feld.	*laut „Huiiiui! Huiiiui!" rufen*
Sie halten sich fest an den Händen und **stemmen sich dagegen**.	*sich vorgebeugt gegen den imaginären Sturm stemmen*
Sie eilen nach Hause.	
Opa mit seinen **großen Schritten**	*mit großen Schritten im Kreis gehen*
und Pia und Anton mit ihren vielen **kleinen Schritten**.	*mit kleinen Schritten auf der Stelle rennen*
Als sie endlich bei Oma in der Stube sitzen,	
leckeren heißen Kakao trinken	*„Mmh!" sagen und über den Bauch streichen*
und Pias **Lieblingskekse knabbern**,	*einen imaginären Keks essen*
meint Anton: „Das war aber ein doofer Sturm!"	
„Ja", sagt Pia. „Wind ist überhaupt immer blöde."	
„Oh nein!", lacht Opa. „Manchmal ist ein richtiger Wind prima.	
Zum Beispiel, wenn ihr einen Drachen steigen lassen wollt.	
Dafür braucht ihr zwar keinen solchen Sturm wie heute,	
aber ein kräftiger Wind könnte nicht schaden."	
„Aber", sagt Anton, „wir haben doch gar keinen Drachen!"	
Pia nickt.	
„Noch nicht!", sagt Opa. „Aber das können wir ja ändern!"	
Und während der Herbststurm ums Haus **heult**	*„Huiiiui! Huiiiui!" rufen*
und an den Fensterläden rüttelt,	
bauen Opa, Oma, Pia und Anton zwei supertolle Drachen.	
Einen für Anton und einen für Pia.	

Forschen und entdecken

Thema:
Herbst

Kompetenzbereiche:
Wissen und Wortschatz
erweitern, Beobachtungsfähig-
keit weiterentwickeln

**Angrenzender
Bildungsbereich:**
Sprache und Literacy

Kinder:
25

Schwierigkeitsgrad:
★ ★ ☆ ☆ ☆ ☆

Vorbereitung:
2 Min.

Aktivität:
10 Min. (Gespräch), 30 Min.
(Erkundungsgang)

Material:
Herbstblätter, Früchte
(z. B.: Äpfel, Birnen, Kastanien,
Eicheln, Bucheckern), Gemüse
(z. B.: Zucchini, Kürbis),
Taschen oder Körbe

Gespräch zum Herbst

Der Herbst bringt nicht nur in der Natur viele Veränderungen, sondern auch
für Menschen und Tiere. Anknüpfend an Antons und Pias Waldspaziergang
in der Aktivgeschichte bietet es sich an, über diese Veränderungen zu
sprechen und die Kinder somit anzuregen, ihre Wahrnehmung zu schulen.
Dieses Gespräch kann als Grundlage und Hinführung zu einem gemeinsamen Erkundungsausflug in die Natur dienen.

So geht's:

- Zur Morgenrunde legen Sie einige bunte Herbstblätter, Herbstfrüchte
  bzw. herbstliches Gemüse in die Mitte. Die Kinder erzählen frei, was
  ihnen dazu einfällt. Fragen Sie nun z. B.:

  – Welche Jahreszeit ist jetzt?

  – Was ist „Herbst", wie fühlt sich der Herbst an?

  – Was ist im Herbst anders als im Sommer, Winter oder Frühling?

  – Welche Farben gibt es im Herbst?

  – Wie verändert sich jetzt unser Leben, das der Tiere und das der Natur?

- Versuchen Sie gemeinsam mit den Kindern bei einer Erkundungstour
  Antworten auf die Fragen zu finden. Mögliche Ergebnisse sind:

  – Es wird früher am Tag dunkel und kalt, später hell. Deswegen sind die
    Menschen im Herbst weniger draußen als im Sommer, sie gehen
    abends früher ins Haus.

  – Das Wetter verändert sich: Nebel zieht auf, es wird windiger und es
    regnet mehr. Morgens ist die Luft noch feucht.

  – Viele Vögel ziehen in den Süden, wo es wärmer ist.

  – Viele Tiere suchen nach Nahrung für die Winterruhe/den Winterschlaf.

  – Viele Blumen verblühen, Büsche und Bäume verwelken oder sie
    bekommen Früchte (z. B.: Hagebutte).

  – Viele Gemüse- und Obstsorten werden reif, das Getreide wird geerntet.

  – Die Blätter der Bäume verfärben sich.

  – Kastanien, Eicheln, Äpfel etc. fallen von den Bäumen herab.

  – Die Badeseen sind zu kalt zum Schwimmen, die Freibäder schließen.

Infoseite: Herbst

- Die astronomische Bestimmung der Jahreszeiten richtet sich nach dem Stand der Sonne im Verhältnis zur Erde. Auf der nördlichen Halbkugel wird der Herbstanfang durch die Tagundnachtgleiche zwischen dem 22. und 23. September bestimmt. Der Herbst endet mit der Wintersonnenwende am 21. oder 22. Dezember auf der Nordhalbkugel.

- In den gemäßigten Zonen ist der Herbst die Zeit der Ernte und der fallenden Blätter. Das Wort Herbst bedeutet ursprünglich „Zeit der Früchte", „Erntezeit".

- Die Bäume in den gemäßigten Klimazonen der Erde nutzen den Herbst und Winter als Ruhephasen. Denn damit die Bäume im Frühjahr wieder neue Blätter austreiben können, benötigen sie ausreichend Nährstoffe. Wenn es im Herbst kühler wird, weil die Sonnenstunden abnehmen, ist das ein Signal für die Bäume, das Chlorophyll den Blättern zu entziehen und in die Wurzeln zu leiten. Dort speichern sie diesen wichtigen Nährstoff. Sie legen damit einen Energievorrat an, mit dem sie im nächsten Frühjahr wieder Knospen treiben können. Mit dem Chlorophyll in den Blättern, die dann im Frühjahr wieder aus den Knospen wachsen, fangen die Bäume das Sonnenlicht ein, das sie zum Wachsen und Leben benötigen.

- Das Chlorophyll färbt die Blätter grün und überdeckt im Sommer andere Farbstoffe, die zusätzlich im Blatt enthalten sind. Diese Farbstoffe können wir erst im Herbst sehen, wenn die Bäume das Chlorophyll, den grünen Blattfarbstoff, in die Wurzeln leiten.

- Für uns sieht es aus, als würden sich die Blätter bunt färben. Tatsächlich sind schon das ganze Jahr über bunte Farbstoffe im Blatt. Das Chlorophyll hat die Farben nur überdeckt.

- Karotin z. B. färbt die Blätter gelblich, bzw. orange. Brauntöne entstehen durch Gerbstoffe, die in den Blättern eingelagert sind (besonders bei Eichen und Buchen). Durch das Absterben wird ein weiterer Farbstoff (Anthocyan) freigesetzt, der die Blätter rot färben kann. Das Zusammenspiel verschiedener Farbstoffe, sowie der weichenden grünen Farbe lässt die Blätter so bunt leuchten.

- Warum fallen die Blätter im Herbst von den Bäumen? Der Baum entzieht den Blättern neben den Nährstoffen auch das Wasser. Er sperrt den Zulauf durch eine Korkschicht zwischen Ast und Blatt ab. Dadurch sterben die Blätter allmählich ab und fallen herunter. Würde den Winter über weiter Wasser bis zu den Blättern geleitet werden, könnten sie bei frostigen Temperaturen einfrieren und ebenso die gesamte „Zuleitung". Der Wasserkreislauf wäre dann gestört und der gesamte Baum könnte absterben. Davor schützen sich die Bäume, indem sie ihre Blätter fallen lassen.

Thema:
Umwelt erkunden

Kompetenzbereiche:
Sachwissen erweitern,
Kreativität entfalten,
Feinmotorik weiterentwickeln

**Angrenzender
Bildungsbereich:**
Kreativität und Musik

Kinder:
6 – 8

Schwierigkeitsgrad:
★ ☆ ☆ ☆ ☆

Vorbereitung:
Blätter sammeln mit den
Kindern, Trockenzeit für die
Blätter: min. 1 – 2 Tage

Aktivität:
10 Min.

Material:
Gesammelte Herbstblätter,
Zeitungspapier, Blätterpressen
bzw. Pressspanplatten, dicke
Pappen oder Holzplatten (je
zwei pro Pressvorrichtung),
schwere Bücher, Alleskleber,
Ölkreiden, Buntstifte, Tonpapier

Material pro Kind:
1 Bogen Tonpapier DIN A3,
1 Stoffbeutel

Blätterbilder: sammeln, pressen, gestalten

Ausgehend von der Aktivgeschichte „Der Herbststurm" erkunden Sie mit den Kindern einen Wald oder einen Park mit Bäumen und lassen sie selbst die Auswirkungen des Herbstes auf Flora und Fauna erleben. Das Blätter-sammeln regt an, genau auf die Formen- und Farbenvielfalt der Blätter zu achten.

So geht's:

- Die Kinder kennen die Aktivgeschichte und haben z. B. über die Infoseite (S. 63) schon etwas über den Hintergrund des Verfärbens der Blätter erfahren.

- Spazieren Sie mit den Kindern durch einen Misch- oder Laubwald oder einen Park mit vielen Laubbäumen.

- Jedes Kind sammelt im eigenen Beutel Blätter.

- Regen Sie an herauszufinden, zu welchem Baum die Blätter gehören, die oft durch den Wind verweht wurden.

- Zurück im Kindergarten darf jedes Kind einige ausgewählte Blätter pressen.

- Manche Kitas besitzen viele kleine Blätterpressen. Wer so etwas nicht hat, bittet die Kinder, auf eine Pressspanplatte, dicke Pappe oder Holz-platte Zeitungspapier und darauf ein oder mehrere Herbstblätter neben-einander zu legen. Nun folgt wieder Zeitungspapier usw. Die letzte Lage sollte aus Zeitungspapier bestehen. Den Abschluss bildet eine Press-spanplatte o. Ä.

- Beschweren Sie die Blätterpressen mit schweren Büchern oder schrau-ben Sie mindestens zwei Schraubzwingen an jede Presse.

- Nach ein bis zwei Tagen können die Kinder ihre gepressten Blätter herausholen.

- Jedes Kind erhält einen Bogen Tonpapier (auf der Rückseite mit seinem Namen beschriftet) und arrangiert darauf seine Blätter. Hat es sich für eine Anordnung entschieden, klebt es die Blätter mit Alleskleber auf. Regen Sie die Kinder an, Tiere oder Gesichter aus den Blättern zu legen, auch Mandala-Formen sehen interessant aus.

- Mit Buntstiften oder Ölkreide können die Kinder auf und um die Blätter herum zeichnen.

Tipp:

- Laminieren Sie die Bilder. So können die Kinder sie als Tischsets nutzen.

Herbstblätter zeichnen

Zeichne die Blätter fertig und male sie bunt an!

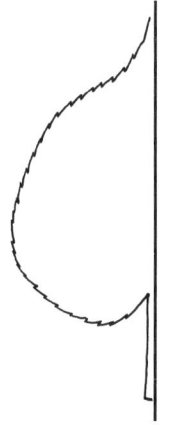

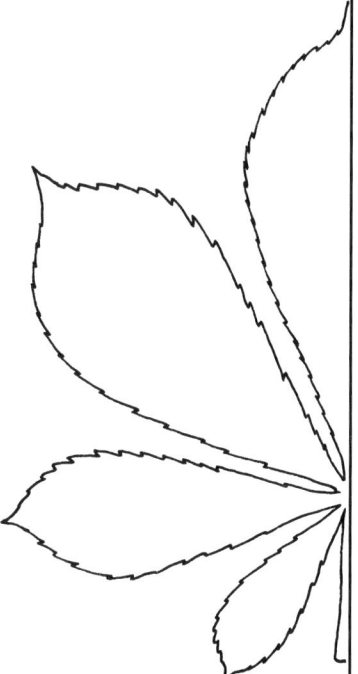

Forschen und entdecken

Thema:
Bäume

Kompetenzbereiche:
Sachwissen erweitern, Natur-
zusammenhänge erkennen,
Bestimmungsbücher kennen-
lernen

**Angrenzender
Bildungsbereich:**
Sprache und Literacy

Kinder:
4–6

Schwierigkeitsgrad:
★ ★ ★ ☆ ☆ ☆

Vorbereitung:
–

Aktivität:
15–20 Min.

Material:
Festes Papier und Schnur bzw.
Schnellhefterklammern oder
Buchbinderschrauben (alter-
nativ fertige Blanko-Spiral-
bücher), Alleskleber, Buntstifte,
Sach- und Bestimmungs-
bücher über Bäume und
Blätter, gepresste Herbst-
blätter

Blätterlexikon

In den vorangegangenen Aktivitäten haben sich die Kinder bereits mit den Veränderungen der Blätter im Herbst beschäftigt. Nun gestalten sie selbst ein Blätterlexikon. Dabei finden sie heraus, welches Blatt zu welchem Baum gehört. Sie erweitern und reflektieren dabei selbstständig ihr Wissen.

So geht's:

- Legen Sie getrocknete und gepresste Blätter in den Morgenkreis. Beginnen Sie ein Gespräch über die Verschiedenartigkeit der Blätter. Impulsfragen:

  – Welches Blatt gehört zu welchem Baum?

  – Wo kann man das nachschauen? (Bücher, Internet)

  – Können wir selbst so ein Buch für uns herstellen?

- Schlagen Sie vor, ein Blätterlexikon zu erarbeiten.

- Jedes Kind sucht sich ein Blatt heraus und versucht herauszufinden, von welchem Baum es stammt. Wenn es den Namen des Baumes nicht selbst schon kennt, erfährt es ihn durch Hinzuziehen eines Bestimmungs-buches, ggf. mit Ihrer Hilfe.

- Die Kinder kleben ihr Blatt auf einen Bogen festes Papier oder eine Seite ihres Buches. Sie zeichnen nun den Baum dazu.

- Schreiben Sie den Namen des Baumes auf die Seite.

- Zusätzlich können die Kinder Besonderheiten dazu zeichnen: Früchte, Blüten, Rinde usw.

- Die einzelnen Papierbögen können später mit einer Schnur, Schnellhefter-klammern oder Buchbinderschrauben zusammengeheftet werden.

- Die Kinder sollten jederzeit auf ihre Bücher zugreifen und – wenn sie ein besonderes Blatt finden – an ihrem Buch weiterarbeiten können. So ent-stehen mit der Zeit individuelle Sachbücher mit Blättern von Bäumen, die aus aller Welt kommen können, wenn die Kinder z.B. Blätter aus dem Urlaub oder aus dem Botanischen Garten mitbringen.

Variante:

Wenn die Kinder möchten, kann auch ein gemeinsames „Naturbuch" für die gesamte Gruppe entstehen und über das Jahr fortgeführt werden. Es bietet sich an, außer den Blättern der Bäume auch deren Blüten und Früchte (Letztere können als Foto hinzugefügt werden) und andere Pflanzen aufzu-führen.

Pustespiel mit Blättern

Blätter sind ein vielseitiges Gestaltungsmaterial. Getrocknet bieten sie aber auch vielfältige Möglichkeiten für Experimente. Ein einfaches Spiel verbindet beides. Dabei haben die Kinder viel Spaß, können sich aber auch konzentrieren und beruhigen. Das Pustespiel kann auch an das Gespräch und die Sinnesübung zum Thema „Wind" (S. 74/75) anschließen. Die Kinder erproben hier die Wirkung bewegter Luft auf die Blätter.

So geht's:

Partnerspiel:

- Zwei Kinder sitzen einander gegenüber am Tisch. In der Mitte ist eine Trennlinie markiert, z.B. mit einem Klebestreifen. Darauf liegt ein Blatt.

- Die Kinder versuchen durch Pusten das Blatt auf die generische Seite zu bringen.

- Lassen Sie die Kinder ausprobieren, welche Blätter schneller nach oben fliegen oder besser wegzupusten sind.

Gruppenspiel:

- Mehrere Kinder sitzen sich am Boden gegenüber. Auch hier gibt es eine Trennlinie in der Mitte. Hier liegen nun viele Blätter auf der Linie verteilt.

- Die Kinder pusten, wedeln mit den Händen und versuchen so, die Blätter zu den „Gegnern" fliegen zu lassen.

- Stoppen Sie das Spiel nach einer gewissen Zeit und sehen Sie gemeinsam nach, auf welcher Seite mehr Blätter liegen.

Gemeinschaftsspiel:

- Stellen Sie einen oder mehrere Schuhkartons oder Kisten auf den Boden oder Tische.

- Jedes Kind (etwa 4–6 Kinder gleichzeitig) hat ein Blatt auf der Hand. Sie versuchen nun durch Pusten das Blatt in den Karton zu lenken.

- Alle Kinder dürfen sich gegenseitig helfen: Droht ein Blatt „abzustürzen", pustet einfach ein anderes Kind mit.

- Es können auch mehrere Blätter pro Kind ins Spiel gebracht werden.

Thema:
Spiel

Kompetenzbereiche:
Naturwissenschaftliche Phänomene kennenlernen, Mundmotorik/-muskulatur und Koordination trainieren

Angrenzender Bildungsbereich:
Körper, Bewegung und Gesundheit

Kinder:
Je nach Spielvariante

Schwierigkeitsgrad:
★ ★ ☆ ☆ ☆

Vorbereitung:
–

Aktivität:
10 Min.

Material:
Getrocknete Herbstblätter, Schuhkarton, Klebeband

Forschen und entdecken

Herbstgedicht

Gestische Begleitungen zu den jeweiligen Strophen helfen den Kindern, sich den Text zu merken:

1. Langsam fällt jetzt Blatt für Blatt
   von den bunten Bäumen ab.

   Mit den Fingern fallende Blätter andeuten.

2. Jeder Weg ist dicht besät und es
   raschelt, wenn man geht.

   Mit den Füßen am Boden schleifen.

3. Bunte Blätter fall'n vom Baum,
   schweben sacht, man hört es kaum.

   Mit den Händen schwankendes Herabfallen anzeigen.

4. Plötzlich trägt der Wind sie fort,
   wirbelt sie von Ort zu Ort.

   Durcheinander umeinander herumwirbeln.

5. Wie sie flattern, wie sie fliegen,
   sinken und am Boden liegen.

   Auf den Boden sinken wie ein Herbstblatt.

(Autor unbekannt)

Rhythmik: Fallende Blätter

Ausgehend von Antons und Pias Erlebnis mit dem Wind im Herbstwald und aufbauend auf ihre eigenen Herbsterfahrungen suchen die Kinder selbstständig nach akustischen und rhythmischen Merkmalen des Herbstes. Die Basis für diese Rhythmikübung ist das Herbstgedicht (S. 68). Die Kinder kombinieren Bewegung, rhythmisches Sprechen und den Einsatz von Rhythmusinstrumenten. So werden beim Kind verschiedene Zonen angeregt und die Koordination des Körperapparates gefördert.

So geht's:

- Zunächst üben die Kinder das Gedicht. Am besten geht das, indem es häufig wiederholt wird. Dabei sprechen Sie betont rhythmisch. Gehen Sie Strophe für Strophe langsam vor und erörtern Sie gemeinsam den Inhalt des Gedichtes.

- Lassen Sie die Kinder frei im Raum herumgehen, während sie das Gedicht rhythmisch sprechen. So fühlen Sie den Takt und verinnerlichen die Zeilen intensiver als im Sitzen.

- Nun treffen sich alle im Kreis. Jedes Kind, das möchte, sucht sich ein Instrument aus. Dazu zählen auch Körperinstrumente, wie z. B. die Hände. Die Handflächen können z. B. aneinander gerieben werden oder die Kinder klatschen leicht in die hohle Hand.

- Sprechen Sie gemeinsam das Gedicht, beginnend mit dem ersten Satz, und bitten Sie die Kinder auszuprobieren, mit welchem Instrument sie diese Szene am besten untermalen oder begleiten können. Fahren Sie so Zeile für Zeile fort.

- Das Wort „rascheln" lässt sich mit Instrumenten nur schwer verklanglichen. Ein Regenmacher oder auch ein Rhythmus-Ei kommen am ehesten an das Geräusch heran. Eine Lösung, die die Kinder selbst herausfinden können, ist in eine Schachtel getrocknetes Laub zu legen. Die Kinder rascheln der Textzeile entsprechend rhythmisch mit den Händen in der Blätterschachtel.

- Regen Sie die Kinder an, nun auch während der instrumentellen Untermalung im Raum herumzugehen. Lassen Sie es zu, wenn manche Kinder lieber zuhören oder zusehen.

Variante:

Die Kinder denken sich weitere Geräusche aus, die zum Gedicht passen, und verwenden sie für die Rhythmik.

Thema:
Rhythmische Begleitung

Kompetenzbereiche:
Rhythmusinstrumente kennenlernen, Kreativität entfalten

Angrenzende Bildungsbereiche:
Kreativität und Musik, Sprache und Literacy

Kinder:
8–10

Schwierigkeitsgrad:
★ ★ ★ ☆ ☆

Vorbereitung:
5 Min.

Aktivität:
15 Min.

Material:
Verschiedene Instrumente (z. B.: Xylophone, Klangstäbe, Tamburine, kleine Trommeln, Regenmacher), eine Schachtel oder kleine Kiste, getrocknetes Laub

Blatt und Frucht

Was gehört zusammen?
Verbinde die Blätter und Früchte, die vom gleichen Baum stammen.

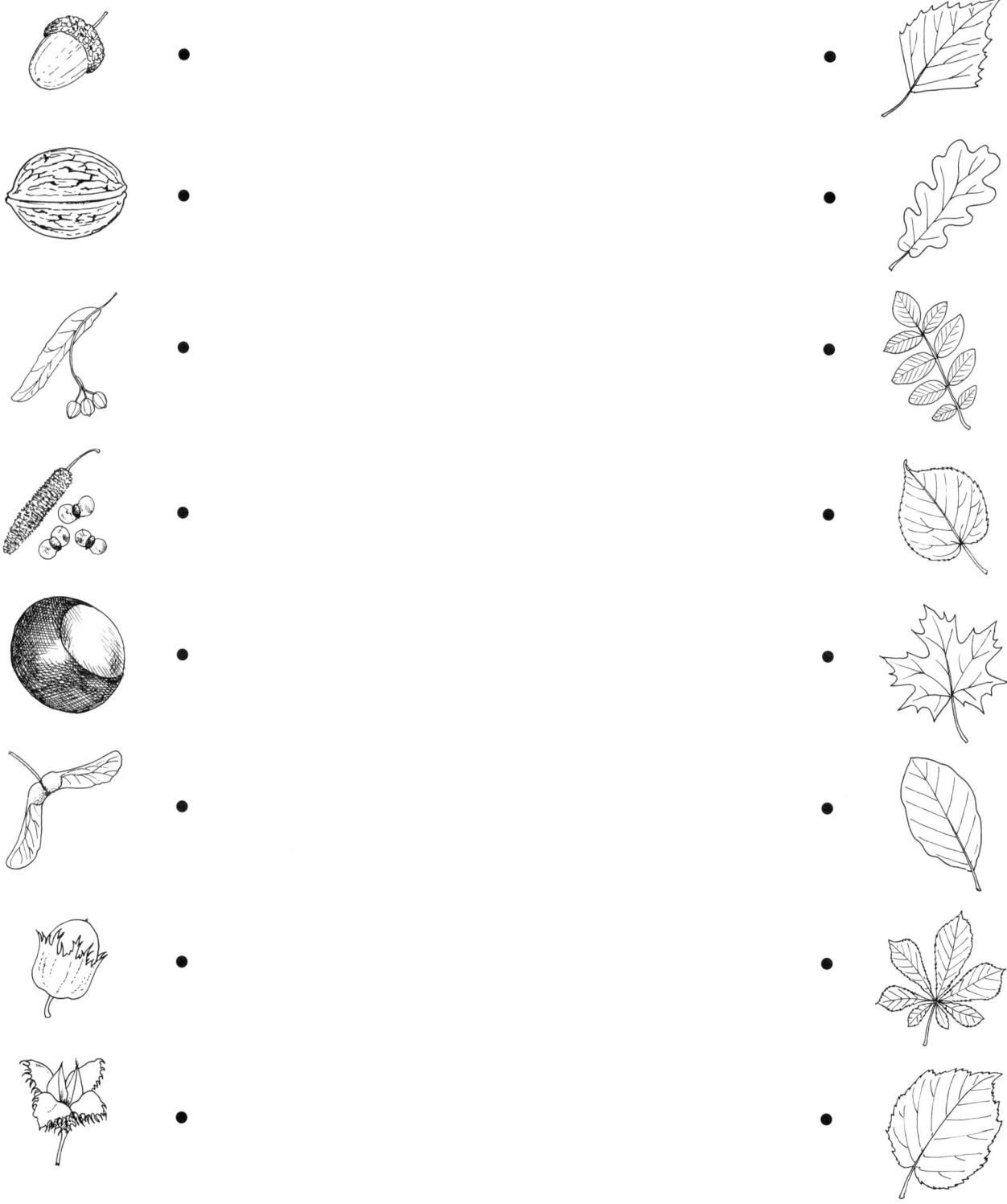

Spaziergang: Farben im Herbst

Angeregt durch die Aktivgeschichte gehen Sie mit den Kindern hinaus in die Natur. Ideal ist ein ausgedehnter Spaziergang in einen Park oder Wald mit vielen Laubbäumen. Die Kinder schulen ihre Sinne, wenn sie genau hinsehen, aber auch hören und riechen, wie der Herbst alles um sie herum verändert. Dieser Spaziergang kann als Vorbereitung für die Aktion „Farben mischen" (S. 72) dienen.

So geht's:

- Heute sammeln wir Farben! – So können Sie das Angebot in der Morgenrunde eröffnen, um den anstehenden Spaziergang anzukündigen. Sprechen Sie zuerst kurz mit den Kindern über ihre Erfahrungen und Erlebnisse den Herbst betreffend. Lenken Sie nun die Aufmerksamkeit auf die Farben des Herbstes. Die Kinder erzählen kurz, was ihnen dazu entfällt.

- Erläutern Sie nun, dass Sie jetzt einen Spaziergang machen werden und die Kinder bitten werden, ganz besonders auf die Farben des Herbstes zu achten. Einige Fragen helfen, den Spaziergang vorzubereiten:

  - Welche Farben kennt ihr?

  - Ist braun immer gleich braun oder gibt es da Unterschiede?

  - Ist jeder Baumstamm braun?

  - Sind alle Blätter grün?

  - Wie sieht die Erde aus, wie die Wiese?

- Während des Spaziergangs regen Sie immer wieder zu intensiven Farbbeobachtungen an. Sprechen Sie mit den Kindern über die Farben und vor allem über die vielen Abstufungen. Legen Sie z.B. verschiedene Blätter oder Rindenstücke nebeneinander und lassen Sie die Kinder von hell zu dunkel sortieren.

- Bitten Sie die Kinder, sich die Farben gut zu merken, damit sie sie später auf einem Bild wiedergeben können.

Thema:
Herbstfarben

Kompetenzbereiche:
Natur entdecken, visuelle Wahrnehmung schulen

Angrenzende Bildungsbereiche:
Sprache und Literacy, Kreativität und Musik

Kinder:
25

Schwierigkeitsgrad:
★ ★ ☆ ☆ ☆

Vorbereitung:
–

Aktivität:
30–60 Min.

Material:
–

Forschen und entdecken

Thema:
Farben

Kompetenzbereiche:
Farben kennenlernen, visuelle Wahrnehmung schulen

Angrenzender Bildungsbereich:
Kreativität und Musik

Kinder:
4–6

Schwierigkeitsgrad:
★ ★ ★ ☆ ☆

Vorbereitung:
5 Min.

Aktivität:
15 Min.

Material:
Acryl-, Tempera- oder Wasserfarben, Mischpaletten (z. B.: Pappteller), Pinsel

Material pro Kind:
Mindestens ein Bogen festes Malpapier, besser mehrere Streifen Papier

Farben mischen

Während eines Spaziergangs durch die Natur (S. 71) haben die Kinder genau hingesehen und dabei entdeckt, dass sich im Herbst viele Farben verändern. Sie haben sich gemerkt, dass es Farbnuancen gibt und bringen diese nun auf Papier.

So geht's:

- Zurück in der Kita dürfen die Kinder malen, was sie gesehen haben. Sie ermischen selbst Farben und versuchen, die unterschiedlichsten Farbnuancen zu malen. Dabei kommt es nicht auf eine gegenständliche Gestaltung an. Sie können auch farbige Flächen malen.

- Damit die Kinder möglichst ungehemmt probieren, sollten sie ausreichend Malgrund zur Verfügung haben. Ideal sind Streifen aus festem Papier, auf denen Farbverläufe gut zur Geltung kommen.

- Die Kinder können ausprobieren, wie sie möglichst viele Abstufungen einer Farbe erreichen, wenn sie eine helle Farbe (weiß oder gelb) dazumischen oder eine dunkle (schwarz, braun, blau).

- Sprechen Sie mit den Kindern, entweder alle gemeinsam oder in Kleingruppen, über die Bilder: Warum hat das Kind genau diese Farbe(n) ausgewählt? Welche Farben hat es dafür zusammengerührt? Und was möchte es mit diesen Farben darstellen bzw. ausdrücken?

- Notieren Sie die Kommentare der Kinder und heften Sie sie an die Rückseite der Bilder, damit sie nicht in Vergessenheit geraten.

Infoseite: Wind

- Wind ist ein physikalisches Phänomen, bei dem eine Gleichverteilung der Teilchen im Raum angestrebt wird. Wärmere Luft enthält wenig Teilchen, kältere Luft dagegen mehr Teilchen, die sich weniger stark bewegen. Mit der Menge der Teilchen steigt der Druck, den die Luft auf die Erde ausübt. Warme Luft bedingt ein Tiefdruckgebiet, durch kalte Luft entsteht ein Hochdruckgebiet. Luftschichten mit unterschiedlichen Temperaturen bewegen sich ausgleichend aufeinander zu und bewirken dadurch Winde.

- Je größer der Unterschied zwischen zwei Luftdruckgebieten ist, desto stärker weht der Wind, der durch die Luftbewegung entsteht. Die Luftmassen strömen in das Tiefdruckgebiet, bis der Druck der Luft ausgeglichen ist.

- Die Erwärmung der Erde durch die Sonne erwärmt auch die Luft, die dadurch leichter wird und aufsteigt. In der Höhe kühlt die Luft allmählich wieder ab und sinkt. Über dem Meer erwärmt sich die Luft weniger stark und steigt daher auch weniger auf. Hier entstehen demnach kältere Luftmassen als über der Erde. Durch die Ausgleichbewegung der Luftmassen entsteht eine Zirkulation.

- Die Hauptwindrichtung wird durch die Lage von Tief- und Hochdruckgebieten bestimmt. Darüber hinaus beeinflussen unterschiedliche Kräfte die Richtung der Winde. Die Corioliskraft lenkt die Bewegungsrichtung der Winde in großräumigen Luftdruckgebieten: Aufgrund der Erdrotation bewegt sich die Luftmasse in einem rotierenden System. Unterhalb der freien Atmosphäre wird der Wind zusätzlich durch Reibung beeinflusst und kann auch durch morphologische Strukturen wie Berge, Täler und Canyons stark variieren, z.B.: Föhn bzw. Fallwind, Aufwind, Talwind und Bergwind.

- Die Windgeschwindigkeit wird in Kilometer/Stunde (km/h) oder Meter/Sekunde (m/s) gemessen. Ein erstes System zur Einteilung von Windstärken wurde 1805 von Sir Francis Beaufort, einem irischen Admiral, mit der Beaufort Skala entwickelt. Diese Einteilung sollte bei ihrer Entwicklung vor allem Seglern helfen, den Wind richtig einschätzen zu können. Jede Windstärke hat einen eigenen Namen: 0 bedeutet „Windstille", 1 „leiser Zug", 2–5 heißen „leichte", „schwache", „mäßige" und „frische Brise", bei 6–8 spricht man von „starkem", „steifem" oder „stürmischem" Wind, 9 bezeichnet einen „Sturm", 10 einen „schweren", 11 einen „orkanartigen Sturm" und 12 bedeutet „Orkan".

Forschen und entdecken

Thema:
Wind

Kompetenzbereiche:
Sprechfreude (weiter)entwickeln, Sachwissen erweitern

Angrenzender Bildungsbereich:
Sprache und Literacy

Kinder:
20 (gesamte Gruppe)

Schwierigkeitsgrad:
★ ★ ★ ☆ ☆ ☆

Vorbereitung:
–

Aktivität:
10 Min.

Material:
–

Gespräch: Was ist Wind?

In der Aktivgeschichte „Der Herbststurm" werden die Kinder während ihres Waldausflugs von einem heftigen Wind überrascht. Regen Sie im Morgenkreis ein Gespräch an. Gehen Sie dabei von der Aktivgeschichte aus und knüpfen Sie an die Erinnerungen der Kinder an eigene Erlebnisse und Erfahrungen mit Wind an. Die Kinder erweitern ihren Wortschatz und können Sprechfreude entwickeln.

So geht's:

- Erinnern Sie die Kinder an die Aktivgeschichte und fordern Sie sie auf, ihre eigenen Wind-Erlebnisse zu berichten. Geben Sie dann durch konkrete Fragen Impulse für das weitere Gespräch:

  – Ist Wind überall gleich, z. B. am Meer oder im Wald?

  – Was ist eigentlich Wind?

  – Woher kommt Wind und wie entsteht er?

  – Wie fühlt sich Wind an?

  – Wie schmeckt Wind?

  – Wie hört sich Wind an?

  – Wie riecht Wind?

- Regen Sie die Kinder an, während des Gesprächs aufzustehen und zu zeigen, was sie meinen. Sie können z. B. pusten und sich biegen, schnuppern und mit der Zunge versuchen, die Luft zu schmecken.

Sinnesübung: Den Wind spüren

Aufbauend auf ein Gespräch über Erlebnisse mit Wind (S. 74) und ausgehend von der Aktivgeschichte gehen die Kinder hinaus in die Natur und
spüren dem Wind nach. Sie werden herausgefordert, alle ihre Sinne zu
nutzen und schulen ihre Wahrnehmung, indem sie beobachten und ihre
Beobachtungen reflektieren.

So geht's:

- Gehen Sie mit den Kindern an einem windigen Tag hinaus.

- Die Kinder suchen sich einen möglichst zugigen Ort und schauen sich
  um: Woran kann man erkennen, dass es windig ist? (Aufwirbelnde Blätter,
  Bäume, die sich verbiegen, Rauch aus Schornsteinen usw.)

- Die Kinder schließen die Augen und schnuppern und schmecken die Luft,
  bzw. den Wind. Nach einer gewissen Zeit öffnen sie die Augen und
  berichten, was sie erfahren haben. Es ist nicht einfach, Gerüche und
  Geschmäcker in Worte zu fassen. Lassen Sie die Kinder fantasieren und
  gerne auch neue Wörter erfinden.

- Die Kinder sprühen sich gegenseitig etwas Wasser aufs Gesicht oder
  einen Arm und lassen den Wind darüber blasen. Was passiert? Wie fühlt
  es sich an?

- Die Kinder nehmen ein Rohr und halten es sich ans Ohr, während der
  Wind am anderen Rohrende vorbeiweht. Sie drehen das Rohr wirbelnd
  vor sich her und erzeugen so einen künstlichen Wind um das Rohr
  herum. Was hören die Kinder?

- Gibt es draußen einen Platz, wo man den Wind hören kann? Die Kinder
  dürfen erzählen, ob sie schon einmal den Wind gehört haben. Vielleicht
  haben einige Kinder schon erlebt, wie der Wind ums Haus und durch die
  Türritzen pfeift.

Thema:
Wind spüren

Kompetenzbereich:
Wahrnehmung schulen

**Angrenzender
Bildungsbereich:**
Körper, Bewegung und
Gesundheit

Kinder:
6–8

Schwierigkeitsgrad:
★ ★ ★ ☆ ☆ ☆

Vorbereitung:
–

Aktivität:
10 Min.

Material:
Wasser-Sprühflasche mit
feiner Zerstäuberdüse, dickes
Rohr, z. B. Papprohr von
Küchenpapier oder Isolierrohr

Forschen und entdecken

Thema:
Windstärke

Kompetenzbereiche:
Feinmotorik weiterentwickeln,
naturwissenschaftliche
Phänomene kennenlernen

**Angrenzender
Bildungsbereich:**
Kreativität und Musik

Kinder:
2–3

Schwierigkeitsgrad:
★ ★ ★ ★ ☆ ☆

Vorbereitung:
5 Min.

Aktivität:
20 Min.

Material:
Spinnakerstoff (Segelmacherei)
oder anderer seidiger Stoff
(Polyester), alternativ: große,
feste Plastikbeutel, Stoffkleber
(bzw. guter Alleskleber),
Biegezange, fester Draht
(ca. 2 mm Durchmesser),
Scheren, ca. 60 cm Schnur
(z. B.: Drachenschnur, Bindfaden), Gewebeklebeband

Material pro Kind:
34 x ca. 35 cm Stoff (s. o.) für
je 1 Rechteck und für mehrere
Streifen, ca. 38 cm fester
Draht, ca. 60 cm Schnur,
Schere, Klebstoff

Mit einem Windsack den Wind sichtbar machen

Die Kinder in der Aktivgeschichte spüren und hören den Wind ganz deutlich. Eine leichte Brise bleibt dagegen meist unsichtbar. Damit die Kinder
den Wind auch durch die Fenster der Kita besser beobachten und unterschiedliche Windstärken kennenlernen können, stellen sie einen einfachen
Windsack her, der aus einem zylindrischen Beutel besteht. Daran kleben die
Kinder bunte Stoffstreifen.

So geht's:

- Sprechen Sie mit den Kindern darüber, wie man den Wind beobachten
  kann. Lassen Sie sie Vorschläge machen, welche Geräte dabei helfen
  könnten. Vielleicht haben die Kinder schon Wetterhähne auf Hausdächern
  oder Windsäcke an Autobahnbrücken gesehen. Auch Fahnen an Schiffen
  zeigen Wind an, wenn auch nur die Richtung und nicht die Stärke.

- Bieten Sie an, etwas zu konstruieren, das den Wind und seine Stärke
  sichtbar macht. Haben die Kinder dazu eigene kreative Ideen, sollen sie
  diese auch umsetzen dürfen.

- Zunächst biegen die Kinder einen Ring aus Draht mit einem Durchmesser
  von etwa 10 cm. Je größer er ist, desto mehr Luft kann man später in den
  Windsack hineinblasen. Die Enden des Drahtes werden fest mit einer
  Biegezange umeinander gewickelt.

- Aus dem Plastiksack oder dem Stoff schneiden die Kinder ein Rechteck
  mit 34 cm Breite und ca. 35 cm Länge aus.

- Das kürzere Ende bestreichen die Kinder sorgfältig mit Kleber, klappen es
  ca. 1 cm um und drücken es an.

- Auf das andere Ende streichen sie ebenfalls Kleber und lassen ihn leicht
  antrocknen. Dann wird der Ring daraufgelegt und das Stoffstück von
  außen nach innen über den Ring umgeklappt. Der Stoffüberstand wird
  ebenfalls über den Ring geklebt und dann die Längsseiten des Stoffes
  mit Kleber verschlossen, sodass ein Zylinder entsteht.

- Nun schneiden die Kinder nach Belieben lange Streifen aus und kleben
  sie an das untere Ende des Windsackes. Besonders schön sehen verschiedene Farben aus. Fällt es den Kindern zu schwer, die Streifen innen
  aufzukleben, kleben sie die Bänder außen an. Sie können darüber ein
  elastisches Klebeband oder einen schönen Stoffstreifen kleben.

- Die Kinder teilen die Schnur in der Mitte. An vier genau gegenüberliegenden Seiten, knapp unterhalb des Drahtringes, schneiden sie je ein kleines
  Loch mit einer spitzen Schere ein. Sie fädeln je ein Ende der Schnur hindurch und verknoten sie am Ring. Damit erhalten sie zwei sich kreuzende
  Schnüre.

- Den Windsack können Sie nun draußen aufhängen. Sobald Wind in den
  Windsack bläst, zieht er ihn nach oben. Ein starker Wind hält den Beutel
  oben.

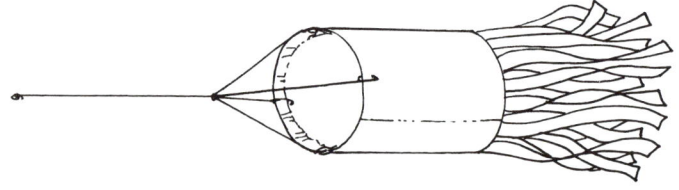

Windspiel aus Naturmaterialien

Eine weitere Möglichkeit, Wind „sichtbar" zu machen, ist die Herstellung eines Windspiels aus Naturmaterialien. Damit können die Kinder auch vom Fenster aus sehen, wie ein leichter Wind Sachen in Bewegung bringt. Je nachdem, welche Materialien sie verwenden, wird das Windspiel den Wind auch hörbar machen.

So geht's:

- Die Kinder sammeln verschiedene Naturmaterialien: Kastanien, Eicheln, Blätter, Zweige, einen Stock.

- Wenn möglich, stechen die Kinder Löcher durch die Fundsachen. Nun fädeln sie sie auf eine Schnur oder knoten sie an der gewünschten Stelle an die Schnur.

- So entstehen mehrere Schnüre, die verschieden lang sein dürfen. Die Fundsachen können aufgereiht werden wie Perlen an einer Kette. Oder aber es hängen nur einzelne Materialien am Ende der Schnur.

- Die Schnüre knoten die Kinder nebeneinander an einen Stock.

- Den Stock befestigen die Kinder an einem Baum, einem Spielgerüst oder einem anderen Ort, wo die Schnüre frei hängen können. Dafür benutzen sie am besten etwas Schnur, die an die beiden Enden des Stockes geknotet wird und so als Befestigungsmaterial dient. Sie suchen einen Platz aus, den sie gut vom Fenster der Kita aus beobachten können.

- Nun lauschen die Kinder auf die Geräusche, wenn der Wind durch das Windspiel bläst. Die „Ketten" wehen und baumeln hin und her.

Thema:
Wind

Kompetenzbereiche:
Feinmotorik weiterentwickeln, naturwissenschaftliche Phänomene kennenlernen

Angrenzender Bildungsbereich:
Kreativität und Musik

Kinder:
3–5

Schwierigkeitsgrad:
★ ★ ☆ ☆ ☆

Vorbereitung:
5 Min.

Aktivität:
15 Min.

Material:
Kastanien, Eicheln, Blätter, Zweige, ein Stock mit ca. 60–80 cm Länge, Schnur (z. B.: dünner Bindfaden)

Weggeflogene Sachen

Zu wem gehören die weggeflogenen Sachen? Ziehe eine Linie zu ihren Besitzern.

Drachen bauen (1)

Zum Herbst gehört das Drachen steigen lassen ganz einfach dazu. Wie in der Aktivgeschichte können Sie mit den Kindern einfache Drachen selbst bauen. Das trainiert nicht nur die Fingerfertigkeit. Die Kinder lernen auch, etwas auszuprobieren und zu „tüfteln" bis es gelingt. Denn ein Drachen funktioniert oft nicht auf Anhieb. Da muss hier noch nachgeklebt oder dort noch beschwert werden. Das übt die Ausdauer und erweitert die technische Kompetenz.

So geht's:

- Schneiden Sie die Bögen Drachenpapier vorher grob zu.

- Jedes Kind bemalt oder beklebt zunächst seinen Bogen.

- Die Kinder sägen sich die Leisten für das Drachenkreuz selbst ab: 60 cm und 45 cm. Dafür benutzen sie am besten eine Puk-Säge.

- Die Leisten legen sie als Kreuz aufeinander. Die lange Leiste liegt vertikal, die kurze horizontal. Vom oberen Ende der langen Leiste messen die Kinder 20 cm ab und markieren die Leiste an dieser Stelle. Das kurze Stück markieren sie genau in der Mitte (22,5 cm) und legen es auf die Markierung der langen Leiste. Die beiden Leisten verbinden die Kinder am Kreuz mit etwas Klebeband.

- Vor jedem Kind liegt nun ein Bogen Drachenpapier oder Folie.

- Die Kinder legen das Holzkreuz auf ihr Drachenpapier und markieren mit einem langen Lineal oder einer Holzleiste die Rahmenlinien für ihren Drachen. Wichtig: Es müssen etwa 2 cm Kleberand frei bleiben! Geben Sie den Kindern einfach eine etwa 2 cm breite Holzleiste, die sie an das Kreuz anlegen und an deren Außenkante entlang die Linien ziehen können. Die Kinder schneiden das Papier entlang der markierten Linien aus.

- Nun kleben die Kinder die Enden der Leisten auf dem Papier fest. Etwa 1 cm Klebefläche sollte genügen. Zur Sicherheit kleben sie noch etwas Klebeband darüber.

- Alle Kanten des Papiers müssen nun gleichmäßig nach innen geklebt werden.

- An der langen Leiste bringen die Kinder von der bemalten Seite her eine Schnur an. Sie stechen dazu vorsichtig je ein kleines Loch oben und unten, etwa zwei Zentimeter vom Rand entfernt mit einer spitzen Schere ein. Am besten kleben sie etwas Klebefilm von beiden Seiten auf, bevor sie stechen, um die Löcher zu stabilisieren. Durch die Löcher fädeln sie eine Schnur. Diese wird so mit der Steigschnur verknotet, dass sie den Drachen in der Waage hält. Es müsste dabei ein Dreieck entstehen. Der Knotenpunkt liegt etwas unterhalb der Kreuzmitte und steht dabei mindestens 10 cm ab. Vor dem Zuziehen des Knotens probieren die Kinder so lange, bis der Drachen in der Waage liegt.

Thema:
Drachen

Kompetenzbereiche:
Physikalische Grund-erfahrungen sammeln, Feinmotorik weiterentwickeln

Angrenzender Bildungsbereich:
Kreativität und Musik

Kinder:
4–6

Schwierigkeitsgrad:
★ ★ ★ ★ ☆

Vorbereitung:
5 Min.

Aktivität:
20 Min.

Material:
Kleber, Meterstab, Klebeband, spitze Schere

Material pro Kind:
Drachenpapier oder geeignete Plastikfolie (Tüte) 65 x ca. 50 cm, etwa 105 cm Holzleiste (ca. 10 x 5 mm stark) für das Gerüst, Drachenschnur mit Wickelvorrichtung, Schnur und Stoff für den Drachenschwanz, Puk-Säge, Farben, Kleber, Klebeband

Drachen bauen (2)

- Damit der Drachen später aufrecht fliegen kann, benötigt er einen Schwanz – je länger, desto besser.

- Dafür befestigen die Kinder an eine stabile Schnur von mindestens zwei Metern Länge (z. B. Bindfaden) Schleifen aus Krepp- oder Seidenpapier. Diese bestehen aus rechteckigen Streifen. Die Schnur wird jeweils mittig um das Papier geknotet, das sich dadurch zusammenzieht und nun aussieht wie eine Schleife. Den Schwanz befestigen die Kinder am unteren Ende der senkrechten Kreuzstange durch einen Knoten.

- Die Steigschnur wird, wie auf der Skizze angegeben, an der Schnur angeknotet, die den Drachen in der Waage hält.

Tipps:

- Besonders gut eignet sich dünner Spinnakerstoff, den es günstig in Segelmachereien gibt.

- Kaufen Sie spezielle Drachenschnur oder auch Angelschnur im Fachhandel, da die Schnur sehr stabil sein muss, damit sie nicht reißt. Drachenschnur gibt es auf handliche Plastikteile gewickelt, die die Kinder gut halten können. Angelschnur müssen Sie selbst auf einen festen Stock o. Ä. wickeln.

- Damit die Drachen noch besser fliegen, können die Kinder versuchen, hinten eine Schnur entlang der Querachse zu spannen. Die Schnur muss so viel Spannung haben, dass sich der Drachen ein wenig biegt. Zur Festigung der Knoten dient Klebeband.

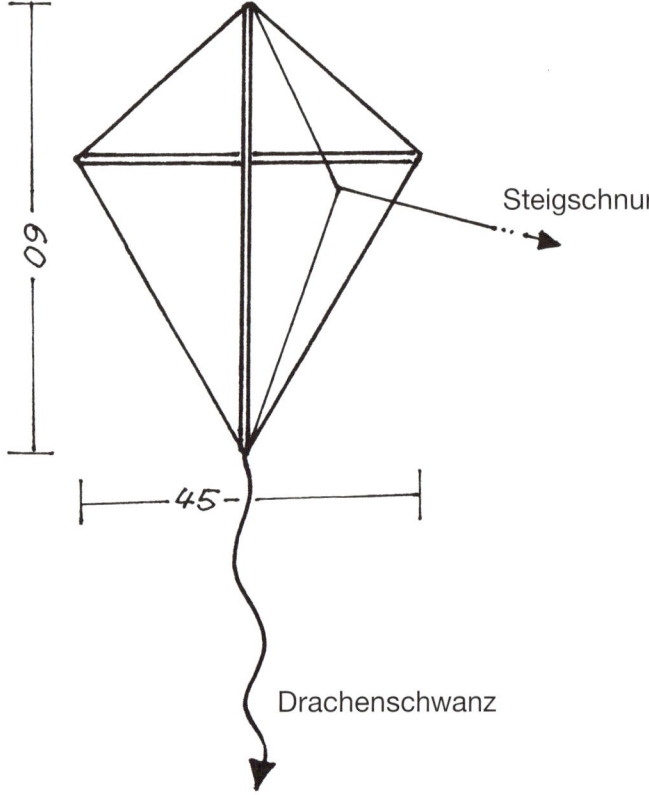

Fantasiereise: Wenn ich ein Drachen wär

Nachdem die Kinder Drachen gebaut und sie haben steigen lassen, können sie ihre Eindrücke mit einer Fantasiereise verarbeiten. Momente, in denen man sich zurückzieht und in einen Tagtraum versinkt, sind wichtig, denn sie helfen, Bilder und Gedanken zu ordnen. Zugleich setzen sie kreative Prozesse in Gang.

So geht's:

- Die Kinder liegen auf Matratzen oder Decken.

- Helfen Sie den Kindern, sich zu beruhigen, indem Sie die Geräusche, die von außen kommen, abschotten und einen Moment warten. Evtl. sprechen Sie leise: „Lege dich ganz ruhig hin. Schließe deine Augen. Spüre deinen Körper, wie er sich ausruht. Deine Füße ruhen sich aus, deine Beine ruhen sich aus, dein Bauch ruht sich aus …"

- Warten Sie einen Moment, bis alle Kinder konzentriert und ruhig liegen.

- Erzählen Sie nun langsam und ruhig folgende Geschichte:

> Es ist ein schöner Herbsttag. Die Sonne scheint und wärmt die grüne Wiese, auf der weiße Gänseblümchen wachsen. Ein leichter Wind weht und wirbelt die Blätter auf. Du liegst auf der Wiese, denn du bist ein kleiner roter Drachen. Heute sollst du fliegen lernen. Du siehst nach oben in den Himmel. Die Wolken ziehen vorbei. Ein paar Vögel lassen sich im Wind treiben. Du spürst, dass sich die Schnur in der Mitte deines Körpers strafft, denn ein Kind zieht daran. Der Wind bläst jetzt etwas Luft unter dich. Du hebst ganz leicht ab, wiegst dich hin und her. Der Wind greift nach dir und zieht dich hoch. Ja, hurra, es geht nach oben! Spürst du, wie die Luft um dich herumstreicht? Du tanzt im Wind, auf und ab, hin und her. Hui, es wirbelt dich herum. Du hörst den Wind brausen. Oh, wie weit du in die Ferne sehen kannst. Dort vorn ist der Wald, du siehst die Wipfel der Bäume. Und da, ein See, und sogar die Berge siehst du ganz weit hinten.
>
> Da spürst du, wie das Kind an der Schnur zieht, fester und noch ein bisschen fester. Langsam segelst du hinunter, schwingst hin und her, her und hin. Jetzt siehst du schon die Wiese, das Gras und die vielen weißen Gänseblümchen. So ruhig ist es hier unten. Schon spürst du das Gras und legst dich hinein. Weich ist es und warm. Du bleibst noch ein wenig liegen und schaust hoch in den Himmel. Schön war dein erster Flug!

- Die Kinder öffnen die Augen, recken und strecken sich.

- Die Kinder erzählen, wie es sich angefühlt hat, wie ein Drachen zu fliegen.

- Was hätten sie noch erleben wollen, was haben sie vom Himmel aus gesehen?

Tipp:

Die Kinder können ihre „inneren Bilder" nach außen tragen, indem sie sie malen oder z.B. als Wolkentiere (S. 94) gestalten.

Thema:
Drachen

Kompetenzbereiche:
Zur Ruhe kommen, Kreativität entfalten

Angrenzende Bildungsbereiche:
Miteinander leben, Sprache und Literacy

Kinder:
6–8

Schwierigkeitsgrad:
★ ★ ☆ ☆ ☆

Vorbereitung:
–

Aktivität:
10 Min.

Material:
Kissen, Decken, Matratzen

Körper, Bewegung und Gesundheit

Vorbemerkungen

Kinder haben einen natürlichen Drang, sich zu bewegen. Durch Bewegung eignen sie sich die Welt aktiv an, sie erwerben Kenntnisse über ihren Körper und ihre Umwelt. Bewegungserfahrungen sind deshalb nicht nur für eine gesunde motorische Entwicklung wichtig – sie sind entscheidend für die Gesamtentwicklung von Kindern: für die Entwicklung ihrer Wahrnehmungsfähigkeit, für ihre kognitive und soziale Entwicklung und nicht zuletzt für die Ausbildung eines positiven Selbstkonzepts.

Klettern, Laufen, Springen, Toben, Schneiden, Kneten, Matschen, Bauen und Tasten sind einige der Aktivitäten, die Kindern die Möglichkeit geben, die Welt aktiv zu erforschen. Sie bauen damit nicht nur ihre grob- und feinmotorischen Fähigkeiten aus und schulen ihre Geschicklichkeit und den Gleichgewichtssinn. Vielmehr wird auf diese Weise auch die Wahrnehmung unterstützt, die wiederum wichtig ist für die Entwicklung kognitiver Kompetenzen. Das Kind begreift damit aus seiner eigenen Erlebniswelt heraus Zusammenhänge in seiner Umgebung. Diese aktive Form des „Begreifens" ist die Voraussetzung für eine dauerhafte und grundlegende Wissensaneignung. Aus diesen Zusammenhängen wird klar, wie bedeutsam ganzheitliches Lernen ist, das Körper, Geist und Sinne anregt und aus der Verknüpfung verschiedener Bildungsbereiche resultiert.

Auf der sozial-emotionalen Ebene sammeln Kinder durch ihre Bewegungsfreude Erfahrungen mit sich selbst und mit anderen Menschen. Sie lernen, mit anderen zu kommunizieren und sich in andere Menschen einzufühlen. Aus der Erfahrung der eigenen körperlichen Geschicklichkeit speist sich das Gefühl, etwas bewirken zu können. Das Kind fühlt sich stark und mutig, und es ist in der Lage, sich selbst zu behaupten und seine Bedürfnisse zu verbalisieren.

Leider haben Kinder häufig nicht genügend Möglichkeiten, sich frei zu bewegen, und es müssen Arrangements geschaffen werden, damit sie körperlichen Herausforderungen begegnen können. Bleibt das Bewegungsbedürfnis von Kindern eingeschränkt, hat dies nicht nur Folgen für die beschriebenen Entwicklungsprozesse, sondern auch für ihre Gesundheit und körperliche Leistungsfähigkeit.

In diesem Zusammenhang sollten auch die Nutzung des Fernsehens und des Computers sowie das Essverhalten der Kinder einer kritischen Reflexion unterzogen werden, denn übermäßiger Konsum, egal in welcher Form, macht Kinder passiv.

Medien stellen zwar auch didaktisch aufbereitete Informationen bereit, doch können sie eine aktive und bewegungsreiche Erforschung der Umwelt ebenso wenig ersetzen wie den Kontakt zu anderen Kindern und Erwachsenen. Auch beim unkontrollierten Konsum von Süßigkeiten gilt es frühzeitig, Kindern Alternativen anzubieten und sie in ihren Potenzialen zu stärken.

Aktivgeschichte

In der Aktivgeschichte „Fabian, der Zappelprinz" ist Prinz Fabian zu zappelig, um einer spannenden Geschichte lauschen zu können. Seine Mutter, die Königin, schickt ihn deshalb in den Schlossgarten, damit er sich dort austoben kann. Draußen ist herrliches Herbstwetter. Fabian springt über die Blätterhaufen, sammelt Kastanien und findet einen Apfel. Als er sich ausgetobt hat, fällt es ihm leicht, ruhig im Kerzenschein an einem gemütlichen Platz der Geschichte zu lauschen.

Die Kinder haben viel Spaß daran, die zappelnden Bewegungen von Fabian zu wiederholen. Die Geschichte vermittelt die Freude an der Bewegung in der freien Natur, dem Spiel mit zu Laubhaufen zusammengekehrten Blättern und der Erfahrung, wie gut ein selbst gefundener Apfel schmeckt, der noch dazu gesund ist.

Die Geschichte verknüpft Aktivität und Entspannung. Die Kinder lernen, an Phasen der Aktivität Phasen der Entspannung anzuschließen, in denen sie sich erholen und neue Kraft schöpfen können. Der Wunsch, selbst aktiv zu werden, die herbstliche Natur zu erkunden und im Anschluss an einem gemütlichen Ort zu sitzen und die Entspannung zu genießen, wird durch die Geschichte bei den Kindern geweckt.

Praxisseiten

Die pädagogische Forderung, kindgerechte Angebote sollten körperliche und geistige Fähigkeiten verknüpfen, kommt in der Auswahl der Aktivitäten dieses Kapitels zum Ausdruck. Bewegung, Entspannung und Konzentration werden angeregt und ebenso feinmotorische und sinnesorientierte Fähigkeiten. Den Umgang mit Zahlen, Maßen und Gewichten erfahren die Kinder bei der Zubereitung herbstlicher Rezepte.

Die Kinder können sich gut in die Situation hineinversetzen, dass man ungeduldig und unruhig ist, weil man sich viel lieber bewegen möchte. Die Aktivitäten schulen auf spielerische Weise die Konzentrationsfähigkeit der Kinder und geben Impulse, wie sie nach Phasen der Aktivität und des Stresses wieder zur Ruhe kommen können.

Ein Gespräch über das Gefühl, nicht still sitzen zu können (S. 88), knüpft an die Aktivgeschichte und an eigene Erfahrungen der Kinder an. Kleine Übungen (S. 89) schulen die Konzentrationsfähigkeit und geben Impulse, wie Kinder zur Ruhe kommen können. Neben der Freude an der Bewegung schulen Spiele mit Fingern und Zehen (S. 90) auch die Sprechfreude und

das Rhythmusgefühl. Die Gestaltung eines gemütlichen Platzes (S. 91/92) lädt die Kinder zur Entspannung ein. Indem sie Wolkentiere am Himmel träumen (S. 93) und gestalterisch zu Figuren für ein Mobile umsetzen (S. 94), regen sie ihre Fantasie an und entspannen sich. Dazu passt das Mandala (S. 95). Impulse für Spiele im Freien (S. 96) entsprechen der Bewegungsfreude der Kinder. Sie erkunden Naturmaterialien über mehrere Sinne wie z.B. Kastanien oder Blätter als Bad (S. 97) oder lauschen raschelndem Laub (S. 98). Die Kinder entdecken, dass sich Kastanien auch zum Spielen (S. 100) und Gestalten eignen (S. 101). Die Kinderseiten (S. 99, S. 103) vertiefen auf spielerische Weise Gelerntes.

Ein Gespräch vermittelt Wissen über gesundes Essen (S. 102). Die Kinder lernen die Zubereitung von Speisen für einen Apfelkuchen, Obstspieße, eine Obstsuppe, Kakao und Haferkekse kennen und sammeln dabei auch ästhetische und soziale Erfahrungen (S. 104–107).

Lösung

Seite 99

Körper, Bewegung und Gesundheit

Aktivgeschichte: Fabian, der Zappelprinz

Im Thronsaal ist es sehr gemütlich.
Die Königin hat auf einem bequemen roten Plüschsessel
Platz genommen
und Prinz Fabian sitzt auf seinem Kinderthron.
Auf dem Tisch steht ein geschnitztes Kürbisgesicht,
in dem eine Kerze flackert.
Das sieht sehr gruselig aus.

Die Königin liest eine spannende Geschichte
von Hexen und Gespenstern vor.
Das mag der kleine Prinz sehr.
Je unheimlicher, desto besser, findet Fabian.

Hände wie ein aufgeklapptes
Buch halten und lautlos die
Lippen bewegen
Die Königin **liest**

eine Hand ans Ohr legen
im Sitzen die Beine abwech-
und Fabian **lauscht**.
selnd langsam vor und zurück
Fabians **Beine bewegen sich langsam vor und zurück**. Immer
schwingen
abwechselnd.

Der kleine Prinz bemerkt das nicht.
mit den Fingern auf die
Fabians **Finger klopfen** auf die Armlehnen
Oberschenkel klopfen

des Kinderthrons.
Der kleine Prinz bemerkt es nicht.
Hände wie ein aufgeklapptes
Die Geschichte, die die Königin vor**liest**, wird immer spannender.
Buch halten und lautlos die
Lippen bewegen

Hui, ist das aufregend! Prinz Fabian beißt sich auf die Lippen.

Körper, Bewegung und Gesundheit

Seine **Beine zappeln immer mehr**	*die Beine abwechselnd immer schneller vor und zurück schwingen*
und seine **Finger klopfen** einen wilden Rhythmus.	*mit den Fingern auf die Oberschenkel klopfen*
Fabian **lauscht** mit roten Wangen.	*eine Hand ans Ohr legen*
Sein **Oberkörper wackelt hin und her**,	*den Oberkörper hin und her bewegen*
seine Beine zappeln,	*die Beine abwechselnd immer schneller vor und zurück schwingen*
und **seine Finger klopfen**.	*mit den Fingern auf die Oberschenkel klopfen*
Plötzlich **klappt** die Königin das Buch zu.	*die Hände zusammenklappen*
„Weiterlesen!", bettelt Fabian. „Es ist gerade so spannend!"	
Die Königin schüttelt den Kopf.	
„Fabian", sagt sie. „Du machst mich ganz nervös!	
Ständig **zappelst du mit den Beinen**!	*die Beine abwechselnd vor und zurück schwingen*
Ununterbrochen **klopfst du mit den Fingern**!	*mit den Fingern auf die Oberschenkel klopfen*
Und außerdem **wackelst du auch noch mit deinem Oberkörper**.	*den Oberkörper hin und her bewegen*
Das stört mich. So kann ich nicht lesen!"	
Oh, wie schade. Fabian möchte unbedingt wissen,	
wie die Geschichte weitergeht.	
„Mama", sagt der kleine Prinz zur Königin.	
„Ich will doch gar nicht **zappeln**.	*die Beine abwechselnd vor und zurück schwingen*
Das machen meine Beine ganz von allein.	
Klopfen will ich auch nicht – das sind immer nur meine Finger.	*mit den Fingern auf die Oberschenkel klopfen*
Und warum **mein Oberkörper wackelt**, das weiß ich nicht!	*den Oberkörper hin und her bewegen*
Ich möchte nur wissen, was in der Geschichte passiert.	
Bitte, Mama, lies weiter!"	
Doch die Königin schüttelt den Kopf: „Ich glaube,	
es ist am besten, wenn du einfach mal ein bisschen	
in den Schlossgarten gehst und dort ordentlich **hüpfst**	*von einem Bein auf das andere hüpfen*
und **springst**	*mit beiden Beinen einmal hoch springen*
und **rennst**.	*auf der Stelle laufen*

Körper, Bewegung und Gesundheit

die Beine abwechselnd vor und zurück schwingen

mit den Fingern auf die Oberschenkel klopfen

auf der Stelle laufen

Und wenn du dich ausgetobt hast, dann kommst du wieder in den Thronsaal und ich lese die Geschichte zu Ende. Das wird deinen **Zappelbeinen**

und deinen **Klopfefingern** ganz bestimmt guttun."

Fabian findet, dass die Königin recht hat.
Deshalb **rennt** er so schnell er kann hinaus
in den königlichen Schlossgarten.

Das Wetter ist herrlich.
Vor dem kleinen Prinzen liegt die Kastanienallee im Sonnenschein und auf der Obstwiese leuchten die roten Herbstäpfel in den Apfelbäumen.
Am blauen Himmel ziehen viele Schäfchenwolken dahin.
Das Schönste aber sind die riesigen Laubhaufen, die der Schlossgärtner unter den Kastanienbäumen zusammengekehrt hat.

schnell auf der Stelle laufen

Fabians Beine können es kaum erwarten.
Sie **laufen** wie von selbst zu den rotgoldenen Herbsthaufen.
Fabian läuft natürlich mit. Wenn seine Beine laufen,
kann der kleine Prinz ja nicht stehen bleiben.

mit beiden Beinen abspringen beim Landen tief in die Hocke gehen

Kurz vor dem ersten Blätterhaufen **springt** Fabian **ab**.
Mit einem riesigen Satz **landet** er in den weichen Blättern.

Das macht Spaß!
Das muss Prinz Fabian gleich noch einmal machen.
Er nimmt **Anlauf**,

schnell auf der Stelle laufen mit beiden Beinen abspringen beim Landen tief in die Hocke gehen

springt
und **landet** mitten im nächsten Haufen.

schnell auf der Stelle laufen mit beiden Beinen abspringen und beim Landen tief in die Hocke gehen

Fabian strahlt. Was für ein wunderbares Spiel!
Wieder und wieder nimmt er **Anlauf**
und **springt** in die Laubhaufen.

Nach einer Weile ist der kleine Prinz völlig außer Atem.
Keuchend beugt er sich nach vorn
und stützt die Hände auf die Knie.
Was ist das denn?
Vor ihm auf dem Boden liegen sie.
Blank und glänzend, glatt und rotbraun schimmernd:
Kastanien – wohin Fabian nur schaut.
Die kann der kleine Prinz bestimmt brauchen.
Schnell stopft er damit seine Hosentaschen voll.

Dann **hüpft** Fabian durch die Kastanienallee zur Obstwiese.

Unter dem größten Apfelbaum bleibt er stehen.
Die roten Äpfel in den Zweigen sehen so **lecker** aus.

Dem Prinzen läuft das Wasser im Mund zusammen.
Schade, dass der Baum so hoch ist.
Plötzlich kommt eine Windböe und rüttelt an den Zweigen.
Ein besonders schöner, dicker, roter Apfel bewegt sich hin und her.
Dann fällt er hinunter, direkt zu Fabian.
Die Finger des kleinen Prinzen sind flink. Sie fangen den Apfel auf.
Fabian freut sich sehr.
Vergnügt **hüpft** er mit seinen Schätzen zurück ins Schloss.

Er muss den Apfel und die Kastanien unbedingt seiner Mama,
der Königin, zeigen.
„Mama!", ruft Fabian und stürmt in den Thronsaal.
„Mama, schau mal! Ich habe Kastanien und einen Apfel gefunden."
Die Königin lächelt.
Die Kastanien sind wunderbar.
Und der rote Apfel **schmeckt** bestimmt sehr gut.

Fabian legt die Kastanien rings um das gruselige Kürbisgesicht
auf den Tisch. Das Kerzenlicht spiegelt sich in den glänzenden
Früchten. Das sieht schön aus.
Dann krabbelt der kleine Prinz auf den goldenen Kinderthron.
Er beißt in den Apfel und murmelt: „Liest du jetzt weiter, Mama?"
Und die Königin **öffnet** das Buch und **liest**.

Fabian, der kleine Prinz, **lauscht** zufrieden.
Seine Zappelbeine sind vom vielen Laufen und Springen müde
geworden. Sie bewegen sich überhaupt nicht mehr.
Und Fabians Finger, die sonst so oft klopfen wollen,
halten ruhig den leckeren, roten Herbstapfel.
Die Königin aber **liest und liest**,

von unheimlichen Gespenstern und von kichernden Hexen.
Und wenn sie nicht gestorben sind,
dann **liest** die Königin noch heute

und der kleine Prinz Fabian knabbert immer noch an seinem Apfel
und **lauscht**.

Handlungsanweisungen (rechte Spalte):

von einem Bein auf das andere hüpfen

„Mmh!" sagen und über den Bauch streichen

von einem Bein auf das andere hüpfen

„Mmh!" sagen und über den Bauch streichen

Hände wie ein Buch auseinanderklappen und lautlos die Lippen bewegen
eine Hand ans Ohr legen

Hände wie ein aufgeklapptes Buch halten und lautlos die Lippen bewegen

Hände wie ein aufgeklapptes Buch halten und lautlos die Lippen bewegen

eine Hand ans Ohr legen

Körper, Bewegung und Gesundheit

Thema:
Gefühle

Kompetenzbereiche:
Erzählfähigkeit weiter-
entwickeln, Gefühle benennen
und reflektieren

**Angrenzender
Bildungsbereich:**
Sprache und Literacy

Kinder:
10 – 12

Schwierigkeitsgrad:
★ ★ ★ ☆ ☆

Vorbereitung:
–

Aktivität:
10 Min.

Material:
–

Gespräch: Ich kann nicht stillsitzen

Die Aktivgeschichte „Fabian, der Zappelprinz" stellt den Kindern einen
Jungen vor, der es nicht schafft, seine Beine, Finger und Oberkörper still zu
halten. Regen Sie ein Gespräch an, in dem die Kinder sich über ihre Gefühle
und Erfahrungen mit Unruhe, Ungeduld und Zappeligkeit äußern können.
Das Gespräch kann als Basis und Hinführung zu den Übungen auf den
weiteren Seiten dienen.

So geht's:

- Die Kinder sitzen in der Morgenrunde oder an einem gemütlichen Platz
  zusammen. Lesen Sie einführend die Geschichte vor oder fassen Sie sie
  mit den Kindern gemeinsam noch einmal zusammen. Heben Sie dabei die
  Anfangsszene hervor, in der der kleine Prinz nicht mehr still sitzen kann.

- Sie können das Gespräch mit Impulsen einleiten wie:

  – Ich kann mir gut vorstellen, dass es euch auch schon einmal wie dem
    Zappelprinzen ergangen ist: Ihr wolltet auch schon einmal am liebsten
    aufspringen und weglaufen, musstet aber sitzen bleiben und zuhören.

  – Wie fühlt es sich an, wenn man noch ruhig sitzen bleiben muss, obwohl
    man lieber rumlaufen will und nicht darf?

  – Warum fällt das Stillsitzen manchmal so schwer und ein andermal leicht?

  – Was kann man tun, damit man länger geduldig sitzen bleiben kann?

- Wiederholen Sie abschließend die Anregungen und Impulse der Kinder,
  wie sie sich in Zukunft verhalten wollen, wenn sie zappelig werden. Halten
  Sie auch fest, wie Sie selbst in einer solchen Situation reagieren können,
  wenn die Kinder dazu Vorschläge machen.

Kleine Übungen für Zappelkinder

Die Aktivgeschichte zeigt, wie wichtig ein Ausgleich zwischen Aktivität und Entspannung ist. Die folgenden Übungen schulen auf spielerische Weise die Konzentrationsfähigkeit der Kinder und geben Impulse, wie sie nach Phasen der Aktivität und des Stresses wieder zur Ruhe kommen können. Auch Wartezeiten (bis das Essen da ist, bis der Ausflug beginnt usw.) können so ruhig überbrückt werden.

So geht's:

Die Kinder befinden sich zwischen zwei Aktivitäten, z. B. zwischen dem Ende eines Spiels und dem Beginn des Mittagessens. Sie sind unruhig, weil sie Hunger haben und ungeduldig, weil sie ruhig sitzen sollen. Schlagen Sie eines der folgenden kleinen Spiele vor:

- Bitten Sie die Kinder, sich so auf ihren Stuhl zu setzen, dass der Po bequem aufliegt und der Rücken gerade ist. Nun drücken alle ihre Zehenspitzen ganz fest auf den Boden. Zählen Sie bis drei, dann lockern alle die Zehenspannung wieder. Jetzt drücken die Kinder ihre Fersen auf den Boden, Sie zählen bis drei (auch die Kinder dürfen mitzählen) und lockern sie wieder. Jetzt sind die Hände dran. Können die Kinder ihre Handflächen gegeneinander drücken? Nachdem sie bis drei gezählt haben, lassen sie wieder locker.

- Eine weitere entspannende und konzentrationsfördernde Übung ist es, die Atmung zu kontrollieren. Bitten Sie die Kinder aufzustehen und ihre beiden Hände auf den Brustkorb zu legen. Nun atmen sie ganz tief ein und aus. Am besten zählen Sie dazu langsam. Achten Sie darauf, dass kein Kind aus Spaß wild zu atmen anfängt. Dann besteht die Gefahr, dass es hyperventiliert. Fordern Sie die Kinder auf zu spüren, wie sich die Brust auf und ab bewegt und dabei weiter oder enger wird. Nun legen die Kinder ihre Hände auf den Bauch, etwas oberhalb des Bauchnabels. Zählen Sie wieder mit, wenn die Kinder tief ein- und ausatmen. Wenn sie diese Übung öfter wiederholen, spüren sie, wie die Atmung über den Bauch kraftvoller wird.

- Bitten Sie die Kinder, sich einen Partner zu suchen. Die Kinder stellen sich einander gegenüber und sehen sich in die Augen. Sie fassen sich an den Händen. So stehen sie einen Moment (zählen Sie bis drei) und atmen dabei tief ein und aus. Eines der Kinder dreht sich um und das andere Kind umarmt es von hinten so, dass es das andere Kind schützend umhüllt. Die Kinder können sich auch von vorn umarmen, wenn es ihnen lieber ist. Nach einem Moment wechseln sie sich ab. Jedes Kind darf sich für eine Weile im Arm des anderen sicher und geborgen fühlen.

- Kindern, die schwer zur Ruhe kommen, können kleine Rituale helfen, sich wieder ganz auf sich zu besinnen. Bitten Sie die Kinder, sich zu setzen und die Augen zu schließen. Sie atmen gleichmäßig tief ein und aus und besinnen sich nacheinander auf einzelne Körperteile. Dabei hilft es, wenn sie dazu ganz leicht die Muskeln an- und entspannen. Beginnen Sie mit den Füßen und gehen Sie nach oben bis zum Kopf, indem Sie die Körperteile benennen: die Füße, die Unterschenkel, die Oberschenkel, den Bauch usw. Im Gesicht können sich die Kinder vorstellen, dass sie hier eine Fliege kitzelt und ihre Muskeln entsprechend bewegen. Nach der Übung öffnen sie ihre Augen, stehen auf und strecken sich.

Thema:
Zur Ruhe kommen

Kompetenzbereiche:
Körperwahrnehmung schulen, Entspannung erfahren

Angrenzender Bildungsbereich:
Miteinander leben

Kinder:
4 – 6

Schwierigkeitsgrad:
★ ★ ☆ ☆ ☆

Vorbereitung:
–

Aktivität:
5 Min.

Material:
–

Körper, Bewegung und Gesundheit

Thema:
Bewegung

Kompetenzbereiche:
Sprechfreude und Rhythmusgefühl weiterentwickeln, Freude an Bewegung empfinden

Angrenzender Bildungsbereich:
Sprache und Literacy

Kinder:
10–12

Schwierigkeitsgrad:
★ ★ ☆ ☆ ☆

Vorbereitung:
–

Aktivität:
5 Min.

Material:
–

Fingerspiel und Zehenzapplerspiel

Kleine Fingerspiele machen allen Kindern Spaß und fördern nebenbei das Rhythmusgefühl und die Sprechfreude. Kinder, die häufig recht zappelig sind, können sich mithilfe einfacher Fingerspiele besser auf den Text konzentrieren, weil das Bewegen der Finger ihrer Bewegungsfreude zunutze kommt. Besonders lustig ist es, statt der Finger die Zehen zu bewegen. Mit etwas Übung werden die Kinder zu wahren Zehenakrobaten.

So geht's:

Fingerspiel:

Zehn kleine Zappelfinger zappeln hin und her.	Die Finger wie beim Klavierspielen in der Luft **hin und her** bewegen.
Zehn kleinen Zappelfingern fällt das gar nicht schwer.	Die Finger wie beim Klavierspielen in der Luft **hin und her** bewegen.
Zehn kleine Zappelfinger zappeln auf und nieder.	Die Finger wie beim Klavierspielen in der Luft **auf und ab** bewegen.
Zehn kleine Zappelfinger tun das immer wieder.	Die Finger wie beim Klavierspielen in der Luft **auf und ab** bewegen.

Zehenzapplerspiel:

Für das Zehenzapplerspiel sitzen die Kinder mit nach vorn gestreckten Füßen auf dem Boden oder auf einem Stuhl. Die Füße sollten nackt sein, damit die Kinder ihre Zehen auch gut bewegen und dabei beobachten können.

Zappelfüße Zipp und Zapp	Beide Füße bewegen die Zehen **auf und ab**.
zappeln immer auf und ab.	Beide Füße bewegen die Zehen **auf und ab**.
Zappeln auch mal hin und her.	Während die Zehen sich **auf und ab** bewegen, wiegen sich die Füße **hin und her** (wie dirigieren).
Zappeln ist doch gar nicht schwer.	Während die Zehen sich **auf und ab** bewegen, wiegen sich die Füße **hin und her** (wie dirigieren).

Ein gemütlicher Platz

In Anlehnung an die Aktivgeschichte sprechen Sie mit den Kindern über die Bedeutung eines eigenen Platzes, der so gestaltet ist, dass man sich wohlfühlt und dort gerne sitzen mag. Ziel ist es, den Kindern zu vermitteln, dass man sich seinen Platz (am Esstisch, im Kinderzimmer, eine Rückzugshöhle usw.) so einrichten kann, dass er dazu einlädt, sich zu entspannen, zu träumen, aber auch zuzuhören. Wenn Sie im Kindergarten keinen eigenen Raum zur Verfügung haben, eignen sich auch eine Nische unter einer Treppe, eine Ecke in einem Raum, ein Sofa, ein großer Sessel oder auch eine Hängematte.

So geht's:

- Im Gespräch tauschen die Kinder sich darüber aus, wo sie sitzen, wenn sie z. B. einer Geschichte zuhören. Sie erzählen, wo sie gerne sitzen, wenn sie essen oder wenn sie ein Bilderbuch ansehen. Arbeiten Sie mit den Kindern heraus, wie ein Platz sein muss, damit man sich richtig gut entspannen kann.

- Anschließend gestalten die Kinder einen solchen Platz im Kindergarten. Folgende Aspekte spielen dabei eine Rolle:

  - Farben abstimmen – Welche Farben beruhigen uns, welche regen auf?

  - Muster oder uni? – Was wirkt anregend, ablenkend, was wirkt eher entspannend?

  - Darf Spielzeug hier sein?

  - Worauf sitzen wir?

  - Wollen wir uns auch hinlegen können? (Steht nur ein Sessel für die Aktivität zur Verfügung, erübrigt sich diese Frage.)

  - Gibt es Kissen und Decken oder nicht?

  - Braucht der Raum eine Tür? Wie könnten wir unseren Ruhe-Sessel gegen den Trubel in der Gruppe abschotten?

- Gehen Sie auf die Wünsche der Kinder ein und versuchen Sie den Raum so hinzunehmen, wie es die Kinder sich überlegen. Bieten Sie nun an, eine Woche auszuprobieren, wie sich der Raum anfühlt. Anschließend soll wieder ein Treffen stattfinden und die Gruppe überlegt, ob und was sie anders machen möchte.

Thema:
Zur Ruhe kommen

Kompetenzbereiche:
Erzählfähigkeit entwickeln, Kreativität entfalten, Räume aktiv gestalten

Angrenzender Bildungsbereich:
Sprache und Literacy

Kinder:
4–6

Schwierigkeitsgrad:
★ ★ ★ ★ ☆ ☆

Vorbereitung:
5 Min.

Aktivität:
30 Min.

Material:
Verschiedene Stoffe, Kissen, Decken (je nachdem, was die Kinder sich ausdenken)

Körper, Bewegung und Gesundheit

Thema:
Sinne

Kompetenzbereiche:
Feinmotorik weiterentwickeln,
Kreativität entfalten

**Angrenzender
Bildungsbereich:**
Kreativität und Musik

Kinder:
3 – 5

Schwierigkeitsgrad:
★ ★ ★ ☆ ☆

Vorbereitung:
2 Min.

Aktivität:
15 Min.

Material:
Schalen von Zitrusfrüchten
(Orangen, Zitronen, Limetten),
scharfe Messer, Blüten und
Blätter von duftenden Pflanzen
und frischen Kräutern wie
Rose, Melisse, Pfefferminze,
Basilikum, Thymianzweige,
Rinden, Holzstücke (z. B.:
Lindenholz), Nelken, Zimtstan-
gen usw. (alternativ können
Trockenfrüchte verwendet
werden), dünne Schnur (z. B.:
Nylonschnur oder fester
Zwirn), Nadel mit ausreichend
großem Öhr, ein Stock

Ein Vorhang aus Düften

Ein Duftvorhang, den die Kinder selbst zusammenstellen, bereichert die
eigene Entspannungsecke (siehe auch S. 91) und ist ein Impuls für Kinder,
auch den Geruchssinn zu nutzen, um zur Ruhe zu kommen.

So geht's:

- Für ihre gemütliche Ecke gestalten die Kinder einen Duftvorhang.

- Die Fruchtstücke und Blätter fädeln die Kinder mit Nadel und Zwirn auf.

- Auch Rinden und Holzstücke strömen einen angenehm beruhigenden
  Duft aus. Sie können mit der Schnur verknotet werden. Wenn ausreichend Platz zwischen den aufgefädelten Elementen gelassen wird,
  können die frischen Pflanzenteile im Raum trocknen.

- Ein Stock dient als Halterung für die einzelnen Fäden.

- Die einzelnen Fäden knoten die Kinder an den Holzstock.

- Zum Aufhängen können sie eine Schnur rechts und links am Stock
  befestigen.

Tipp:

Alternativ können die Kinder getrocknete Früchte aufziehen, die später als
Futter für Tiere angeboten werden können. Der Vorhang wird einfach nach
draußen in einen Baum oder an einen Zaun gehängt, wenn es kälter wird.
Vögel oder Eichhörnchen werden gerne ein paar Stückchen stibitzen.

Entspannung: Wolkentiere träumen

Gehen Sie an einem schönen, wolkigen und trockenen Herbstvormittag mit den Kindern nach draußen. Nachdem sich die Kinder ausgetobt haben, versammeln sie sich zum Wolkentierträumen. Diese entspannende Beschäftigung regt die Fantasie an und bewirkt eine angenehme Stimmung bei allen Träumern. Sie eignet sich gut als Einstieg für das Gestalten von Wolkentieren (S. 94).

So geht's:

- Legen Sie Isomatten oder isolierte Decken (Picknickdecken mit Folienbeschichtung) aus, falls der Boden/die Wiese feucht und kühl ist.

- Die Kinder liegen bequem auf dem Rücken und schauen in den Himmel. Wenn sich alle Kindern beruhigt und entspannt haben und sich auf das Himmelsbild einlassen können, regen Sie durch Impulsfragen oder eigene Vorschläge an, über die Wolkenbilder zu sprechen:

  – Was seht ihr am Himmel?

  – Ich sehe ein … Schaut genau hin, dann könnt ihr es auch erkennen.

  – Wo fliegt … hin?

  – Wo kommt … her?

  – Wenn ihr auf dem … reitet, was seht ihr dann?

- Kinder, die sich auch nach einer Weile nicht auf die Wolkenbilder einlassen können und sich beim Stillliegen unwohl fühlen, sollten es zwar zunächst versuchen, aber nicht zu sehr gedrängt werden. Vielleicht können sie sich ein anderes Mal darauf einlassen.

Thema:
Wolken / Zur Ruhe kommen

Kompetenzbereiche:
Körperwahrnehmung schulen, Fantasie entfalten

Angrenzender Bildungsbereich:
Sprache und Literacy

Kinder:
8 – 10

Schwierigkeitsgrad:
★ ★ ☆ ☆ ☆

Vorbereitung:
2 Min.

Aktivität:
10 Min.

Material:
Isomatten oder Picknickdecken

Körper, Bewegung und Gesundheit

Thema:
Wolken

Kompetenzbereiche:
Feinmotorik weiterentwickeln,
Fantasie entfalten

**Angrenzende
Bildungsbereiche:**
Forschen und entdecken,
Kreativität und Musik

Kinder:
4–6

Schwierigkeitsgrad:
★ ★ ☆ ☆ ☆

Vorbereitung:
2 Min.

Aktivität:
10 Min.

Material:
Weißes Nähgarn, eine Näh-
nadel, Watte, Füllwatte,
Märchenwolle, Filz, Papier,
Tonpapier, Stifte, Klebstoff

Wolkentiere gestalten

Aufbauend auf die Aktivität (S. 93) und passend zum wolkenreichen Herbst-
himmel gestalten die Kinder fantasievolle Wolkentiere. Als Mobile an der
Decke, z. B. an einen Ast, oder auch an den Fenstern oder Vorhangstangen
aufgehängt, sind solche Wolkentiere ideal für den Ruheraum oder die Entspannungsecke (S. 91). Dort regen sie zum Träumen und Fantasieren an.

So geht's:

- Lassen Sie die Kinder erzählen, welche Wolkenwesen sie draußen am
  Himmel beim Beobachten der Wolken entdeckt haben.

- Schlagen Sie vor, selbst Wolkentiere zu gestalten, und bieten Sie dafür
  verschiedene Materialien an. Da Wolkentiere ausschließlich aus Watte
  nicht gut halten, können die Kinder ihre Kreationen auf Papier aufkleben
  und noch Gesichter und andere Details dazu malen.

- Auch aus Filz oder festem Papier lassen sich fantasievolle Wesen ausschneiden.

- Zum Schluss fädeln Sie oder die Kinder weißes Nähgarn durch das obere
  Ende eines jeden Wolkentieres und hängen es an einem Ast auf.

Variante:

Kleine Wolkentiere aus Pappe und Watte können die Kinder auf Magnete
kleben. So erhalten sie wolkige Magnetpins.

Gestaltungsvorlage: Wolkenmandala

Körper, Bewegung und Gesundheit

Thema:
Bewegung

Kompetenzbereiche:
Grobmotorik weiterentwickeln,
Gemeinschaft erleben

Angrenzende Bildungsbereiche:
Miteinander leben,
Forschen und entdecken

Kinder:
10 – 12

Schwierigkeitsgrad:
★ ★ ☆ ☆ ☆

Vorbereitung:
–

Aktivität:
20 Min.

Material:
–

Draußen toben und spielen

Fabian aus der Aktivgeschichte wird von der Königin nach draußen geschickt. An der frischen Herbstluft kann er sich austoben, damit er später wieder zuhören und sich konzentrieren kann. Eine gute Anknüpfungsmöglichkeit, um mit den Kindern nach Herzenslust draußen zu toben und wie der Zappelprinz Spiele im Freien zu erfinden. Während dabei Motorik und Koordination trainiert werden, arbeiten Herz und Lunge auf Hochtouren. Sämtliche Sinne werden angesprochen.

So geht's:

- Die Kinder sind dem Wetter entsprechend gekleidet, sodass sie sich bei Sonne, Wind oder Regen draußen wohlfühlen können.
- Suchen Sie ein Stück Wald oder Park auf, wo z. B. Kastanienbäume, Eichen oder Nadelbäume mit Zapfen wachsen, sodass Sie sowohl Laub als auch „Früchte" finden.
- Lassen Sie die Kinder zunächst frei spielen und toben. Beobachten Sie, was die Kinder tun. Greifen Sie ihre Spielideen auf und bieten Sie weitere Spielanregungen an:
  - Weitspringen in einen Laubhaufen
  - Über Laubhaufen oder Stöcke springen
  - Um Bäume herumlaufen
  - Eine Slalomstrecke mit Laubhaufen aufbauen und laufen, hüpfen, schleichen, gehen usw.
  - Balancieren, z. B. auf dicken Stöcken
  - Entlang einer Linie aus Kastanien gehen
  - Von Baum zu Baum sprinten, an den Bäumen Verschnaufpause einlegen
  - Blätter hochwerfen

Tipp:

Sammeln Sie gemeinsam mit den Kindern noch Blätter, Kastanien, Eicheln und Zapfen, die für die folgende Aktivität in Wannen gefüllt werden können und sich für weitere Aktionen und Angebote nutzen lassen (z. B. S. 97).

In Laub und Kastanien baden

Nicht immer ist der nächste Park mit bunten Laubbäumen gut erreichbar. Wenn es an Möglichkeiten mangelt, häufig herbstliche Naturerlebnisse zu haben, können sich die Kinder den Herbst auch ins Haus holen. Ein Bad in herbstlichen Naturmaterialien lässt sie einige Kennzeichen des Herbstes mit allen Sinnen wahrnehmen.

So geht's:

- Bitten Sie die Kinder und Eltern, Kastanien und Herbstblätter zu sammeln. Die Materialien sollten sauber und trocken sein, die Blätter brauchen jedoch nicht gepresst zu werden.

- Stellen Sie große, flache Körbe (Hundekörbe), Wannen oder Planschbecken auf. Füllen Sie in einen Behälter jeweils Kastanien bzw. Blätter.

- Die Kinder dürfen ein „Bad" nehmen und spüren, wie sich die Materialien anfühlen. Interessant wird es, wenn die Kinder versuchen, dabei auch auf die Geräusche zu achten. Daher sollte es im Raum nicht zu laut sein. Evtl. können Sie die „Bäder" auch in einen separaten Raum stellen.

- Erarbeiten Sie mit den Kindern klare Regeln, damit sie längere Zeit Freude an ihren Bädern haben, z. B.:

  - Die Kastanien und Blätter bleiben in ihrem Korb.

  - Kastanien nehmen wir nicht in den Mund.

  - Es dürfen nur ein oder zwei Kinder in ein Bad.

- Sprechen Sie mit den Kindern darüber, wie es sich anfühlt, in so einem Bad zu sitzen. Was ist schön, was ist komisch? Wie hört es sich an?

Tipp:

Gehen Sie auf die Ideen der Kinder ein, wenn sie noch andere Bäder einrichten wollen. Möglich sind z. B. Bäder mit Eicheln oder Zapfen.

Thema:
Sinne

Kompetenzbereiche:
Naturmaterialien kennenlernen, Körperwahrnehmung weiterentwickeln

Angrenzender Bildungsbereich:
Forschen und entdecken

Kinder:
1–2 Kinder pro Bad

Schwierigkeitsgrad:
★ ☆ ☆ ☆ ☆

Vorbereitung:
5 Min.

Aktivität:
5 Min.

Material:
Flache Körbe oder Wannen, Kastanien, getrocknete Blätter, evtl. Eicheln, Zapfen

Körper, Bewegung und Gesundheit

Thema:
Zur Ruhe kommen

Kompetenzbereiche:
Körperwahrnehmung und
Konzentrationsfähigkeit
weiterentwickeln

**Angrenzender
Bildungsbereich:**
Forschen und entdecken

Kinder:
6–8

Schwierigkeitsgrad:
★ ★ ☆ ☆ ☆

Vorbereitung:
2 Min.

Aktivität:
10 Min.

Material:
Getrocknete Blätter,
Schuhkarton

Material pro Kind:
Decke, Matratze oder Matte

Stilleübung: Raschelndes Laub

Diese Stilleübung unterstützt Kinder dabei, wieder zur Ruhe zu kommen und sich zu konzentrieren, etwa wenn sie draußen getobt und gespielt haben (S. 96). Sie kann gut im Gruppenraum durchgeführt werden und ist nicht nur als Abschluss einer Bewegungsspielphase oder eines Abschnitts im Tageslauf gut geeignet, sondern bietet auch eine gute Einleitung für weitere Herbstaktivitäten.

So geht's:

- Sammeln Sie und die Kinder möglichst saubere Blätter und trocknen Sie sie mehrere Tage, damit sie rascheln.

- Nach einer Aktivität, z.B. einem Bewegungsspiel, sollen die Kinder zur Ruhe kommen. Sie legen sich bequem auf den Boden, auf Decken oder Matten und schließen ihre Augen.

- Warten Sie einen Moment, bis alle Kinder ruhig sind. Evtl. unterstützen Sie sie, indem Sie beruhigende Atemanweisungen geben: „Atme tief ein – und aus."

- Rascheln Sie nun einmal kurz mit etwas Laub und warten Sie, wie die Kinder reagieren. Rascheln Sie wieder, diesmal etwas mehr. Fordern Sie die Kinder auf, genau hinzuhören und zu „träumen", was da raschelt. Die Kinder sollen sich ganz auf die Geräusche konzentrieren.

- Rascheln Sie nun jedes Mal anders: einmal bewegen Sie die Blätter in einer Schachtel hin und her, dann zerdrücken Sie ein paar Blätter, pusten in die Blätter usw.

- Bitten Sie die Kinder nun, sich zu den Eindrücken zu äußern. Unterhalten Sie sich mit ihnen darüber, wie es sich angefühlt hat, zu hören, was da raschelt.

- Lassen Sie die Kinder nun auch im Laub rascheln, die Blätter zerdrücken, zwischen den Händen reiben, lauschen, ob das Fallen der Blätter auf den Boden zu hören ist, und eigene Erfahrungen sammeln.

Sammeln und sortieren

Prinz Fabian sammelt fleißig ein, was er im Herbst in der Natur so alles finden kann.
Hilf ihm dabei und sortiere es in die Körbe. Dazu kannst du die Dinge in der richtigen
Anzahl in die Körbe malen. Wie viel hast du jeweils gefunden?
Male das Bild in herbstlichen Farben an!

Körper, Bewegung und Gesundheit

Thema:
Bewegung

Kompetenzbereiche:
Grob- und Feinmotorik
weiterentwickeln, Koordination
trainieren

**Angrenzender
Bildungsbereich:**
Forschen und entdecken

Kinder:
8–10

Schwierigkeitsgrad:
★ ★ ★ ☆ ☆

Vorbereitung:
–

Aktivität:
10 Min.

Material:
Kastanien

Kastanien fangen und werfen

Wie Prinz Fabian in der Aktivgeschichte können sich die Kinder von der Vielseitigkeit der Kastanien anregen lassen. Sie sehen nicht nur schön aus und fühlen sich angenehm an, sie können auch zu vielen Gestaltungsideen und für Sinnesspiele genutzt werden. Schließlich sind sie auch hervorragende Spiel- und Sportutensilien. Fangen und Werfen damit zu üben, ist ein großer Spaß und schult die Koordination, die gesamte Körpermotorik und Muskulatur. Stellen Sie mit den Kindern klare Regeln auf, um Verletzungen vorzubeugen. Je öfter die Kinder üben, desto sicherer werden sie.

So geht's:

- Regen Sie die Kinder beim Spaziergang, im Garten oder im Kindergarten an, Kastanien als Spielgerät zu nutzen. Auf welche Ideen kommen die Kinder?

- Greifen Sie die Ideen der Kinder auf und entwickeln Sie gemeinsam weitere Spiele, z. B.:

  – Kastanien rollen

  – Rollen wie beim Boccia oder Kegeln

  – In ein Ziel rollen

  – Schnippen

  – Weit werfen (z. B. über eine Linie hinaus)

  – In die Höhe werfen (in einen Basketballkorb oder über eine Schnur)

  – Auf ein Ziel werfen (z. B. in einen Eimer)

- Erarbeiten Sie mit den Kindern klare Regeln:

  – Nie auf ein Kind zielen.

  – Beim Zuwerfen genau darauf achten, dass der Partner auch hersieht.

  – Vorher kontrollieren, dass die Bahn frei ist und kein Kind etwa unter dem Basketballkorb oder hinter der Schnur steht.

Kastanien kleben

Nachdem die Kinder Kastanien als Sportutensil kennengelernt haben, möchten sie vielleicht gerne etwas damit gestalten. Jüngere Kinder können ein Bild aus Kastanien legen und die Halbplastik dann ertasten. Für ältere Kinder bietet sich die Variante der Aktivität an: Sie können aus den Kastanien eine Rollbahn für Murmeln bauen.

So geht's:

- Die Kinder „wühlen" zunächst in einer Schüssel mit Kastanien und kosten das angenehme Gefühl aus.

- Bitten Sie die Kinder, Kastanien auszusuchen, die eine flache, ebene Stelle haben, weil sich diese gut als Klebefläche eignet.

- Die Kinder bekommen jeder eine Pappe oder ein Sperrholzbrett, auf der Rückseite mit dem Namen beschriftet. Sie legen es vor sich auf den Tisch.

- Nun legen sie mit den Kastanien Bilder. Wer mit seiner Anordnung zufrieden ist, klebt die Kastanien auf.

- Nachdem der Klebstoff getrocknet ist (am besten über Nacht), können die Kinder ihre Werke noch farbig bemalen.

Variante: Rollbahn

Die Kastanien werden wie Straßenränder oder Mauern aufgeklebt, genau so breit, dass gerade eine Murmel durchrollen kann. Dazu müssen die Kastanien sehr dicht nebeneinander geklebt werden, damit keine Lücken entstehen. Die Kinder halten das Brett an den Seiten fest und balancieren so die Kugel durch die Kastanienrollbahn.

Thema:
Kreatives Gestalten

Kompetenzbereiche:
Fantasie entfalten, Feinmotorik weiterentwickeln

Angrenzender Bildungsbereich:
Forschen und entdecken

Kinder:
4–6

Schwierigkeitsgrad:
★★★☆☆☆

Vorbereitung:
5 Min.

Aktivität:
20 Min.

Material:
Kastanien, Alleskleber, Holzleim oder Heißkleber

Material pro Kind:
1 Sperrholzplatte oder dicke Pappe etwa 20 x 30 cm groß

Körper, Bewegung und Gesundheit

Thema:
Ernährung

Kompetenzbereiche:
Sachwissen und Wortschatz
erweitern, Erzählfähigkeit
weiterentwickeln

**Angrenzender
Bildungsbereich:**
Sprache und Literacy

Kinder:
25

Schwierigkeitsgrad:
★ ★ ★ ☆ ☆

Vorbereitung:
2 Min.

Aktivität:
10 Min.

Material:
Obst aus der Region, z.B.:
Äpfel, Birnen, Weintrauben,
Pflaumen, Himbeeren

Gespräch: Warum ist Obst gesund?

Als Basis für verschiedene Aktivitäten rund um die gesunde Ernährung
lernen die Kinder im gemeinsamen Gespräch verschiedene Früchte kennen
und erwerben Wissen über gesunde Ernährung.

So geht's:

- Die Kinder sitzen in der Morgenrunde. Legen Sie verschiedene Obstsorten
  in die Mitte und lassen Sie die Kinder das Obst zunächst anschauen, berühren und daran riechen. Schneiden Sie das Obst auf, damit die Kinder
  probieren können, wie es schmeckt, ob es saftig ist oder süß. Ermuntern
  Sie die Kinder, ihre Eindrücke zu beschreiben. Bei dieser Gelegenheit können Sie gut beobachten, ob den Kindern alle Obstsorten bekannt sind, ihre
  Vorlieben kennenlernen und im Gespräch darauf eingehen. Ein guter An-
  knüpfungspunkt sind dabei ihre tatsächlichen Essgewohnheiten. Je nach
  Kenntnisstand der Kinder können folgende Fragen hilfreich sein:

  - Was liegt da in der Mitte, wie nennt man die Früchte?

  - Wer von euch isst gerne / nicht gerne Obst?

  - Wann esst ihr Obst?

  - Welche Obstsorten esst ihr gerne/nicht gerne? Wie schmecken sie?

  - Wie soll das Obst sein? (Geschnitten, geschält …)

  - Wo/wie wachsen die einzelnen Obstsorten?

- Dass Obst gesund ist, hören die Kinder sicher nicht zum ersten Mal. Lassen
  Sie die Kinder ihr Wissen und ihre Vermutungen äußern. Die folgenden
  Aspekte helfen bei der Erklärung, warum Obst gesund ist:

  - Im Obst sind viele kleine Kraftquellen (Vitamine und Mineralien), die der
    Körper braucht, um zu wachsen und Kraft zu entwickeln.

  - Von Obst wird man nicht dick.

  - Obstsorten, die viel Wasser enthalten, löschen den Durst.

  - Nur frisches Obst ist gesund. In Himbeerjoghurt z.B. sind häufig keine
    echten Himbeeren enthalten. Man kann nämlich den Geschmack, den
    Geruch und sogar die äußere Form nachmachen.

  - Manche Obstsorten schmecken richtig süß. Sie enthalten einen Zucker,
    der für unseren Körper gesünder ist als weißer, raffinierter Zucker.

  - Obstsorten aus der Region sind besonders frisch und weniger mit
    Spritzmitteln vor Fäule und Ungeziefer geschützt als das Obst, das
    über weite Transportwege zu uns kommt. Deswegen ist es sinnvoll,
    Erdbeeren im Frühling, Kirschen im Sommer usw. zu essen. Manches
    Obst wächst bei uns nicht, wir wollen es aber trotzdem essen: Bananen,
    Orangen usw.

Tipp:

Wenn das Gespräch über Obst und seine Bedeutung für die Gesundheit
zum Thema „Früchtejoghurt" und „Geschmacksstoffe" führen sollte, bietet
es sich an, den Kindern Geschmacksproben anzubieten und als weiterfüh-
rende Aktivität Joghurt mit frischen Früchten anzurühren.

Früchte anmalen

Welche Farben haben die Früchte auf dieser Seite? Male sie so an, wie du sie kennst!

Körper, Bewegung und Gesundheit

Thema:
Ernährung

Kompetenzbereiche:
Feinmotorik weiterentwickeln,
Maße und Gewichte kennen-
lernen

**Angrenzender
Bildungsbereich:**
Forschen und entdecken

Kinder:
3–5

Schwierigkeitsgrad:
★ ★ ☆ ☆ ☆

Vorbereitung:
5 Min.

Aktivität:
20 Min.

Material:
Rührschüsseln, kleine
Schüssel, Waage, Zitruspresse,
runde Backform (Springform),
Mixer mit Rühr- und Knet-
haken, Messer, Teigschaber,
Gitter zum Abkühlen

Apfelkuchen

Schon wenn wir uns vorstellen, selbst in einen Apfel zu beißen, läuft uns das Wasser im Mund zusammen. Nach ausgiebigem Naschen backen Sie gemeinsam mit den Kindern einen Apfelkuchen. Der Apfelkuchen passt gut zur Aktion Herbst-Café (S. 29).

Zutaten für einen Kuchen:

300 g Mehl, ½ Pck. Backpulver, 3 Eier, 150 g Zucker, 1 Pck. Vanillezucker, 125 g Butter (eine Hälfte), Saft von 1–2 Orangen oder ca. 125 ml Orangen-saft, ca. 5 mittelgroße Äpfel, evtl. etwas Sprudelwasser, Zitrone, Puder-zucker zum Bestreuen

So geht's:

- Stellen Sie alle Backzutaten bereit. Besprechen Sie mit den Kindern die Backzutaten und das Rezept.

- Die Kinder beratschlagen, welche Geräte sie brauchen und holen sie aus den Schränken.

- Sie waschen sich gründlich die Hände und krempeln sich die Ärmel auf.

- Ein Kind stellt eine Rührschüssel auf die Waage und setzt sie ggf. auf null.

- Ein weiteres Kind misst den Zucker ab und gibt ihn in die Rührschüssel. Es folgt der Vanillezucker.

- Die Butter schneidet ein Kind in kleine Stücke und gibt sie zum Zucker.

- Je ein Kind schlägt ein Ei in eine kleine Schüssel. Anschließend schütten sie die Eier zu den anderen Zutaten in die Rührschüssel.

- Den Mixer hält ein Kind mit beiden Händen fest und rührt kräftig. Da es spritzt, sollten Sie möglichst einen Spritzschutz-Deckel nutzen oder Schürzen.

- Ein Kind presst die Orange(n) aus und gießt die Flüssigkeit in die Schüssel.

- In eine andere Schüssel wiegen die Kinder das Mehl ab und mischen das Backpulver dazu.

- Nun wird kräftig weiter gerührt und nach und nach das Mehl zugegeben. Nach einer Weile wird der Teig dicker und die Knethaken müssen ein-gesetzt werden. Achten Sie darauf, vorher den Netzstecker zu ziehen.

- Wird der Teig zu dick, lockern die Kinder ihn mit etwas Sprudelwasser auf.

- Parallel können einige Kinder bereits vorsichtig die Äpfel schneiden. Dafür waschen und schälen sie sie und zerteilen sie in längliche Schnitze. Damit die Äpfel nicht braun werden, gießen sie etwas Zitronensaft darüber.

- Der fertige Teig ist eine zähe Masse und lässt sich nur schwer in die Backform gießen. Mit einem Teigschaber oder einen flachen Holzlöffel können die Kinder ihn gleichmäßig verteilen.

- Nun werden die Äpfel darauf gelegt und dabei etwas in den Teig gedrückt. Vielleicht entsteht dabei ein schönes Muster.

- Der Kuchen backt im Ofen ca. 40–50 Minuten bei ca. 150–175 Grad.

- Nach dem Abkühlen streuen die Kinder Puderzucker über den Kuchen.

Obstspieße

Bunt zusammengestellte Obstspieße sind echte Hingucker. Achten Sie darauf, den Kindern frisches Obst anzubieten und dabei ihren ästhetischen Sinn anzuregen. „Das Auge isst mit" gilt auch bei Kindern. Lustige Fähnchen und bunte Obstspieße lassen auch den größten Obstmuffel zugreifen.

Zutaten:

Äpfel, Birnen, Weintrauben, Brombeeren, Pflaumen, Zitronenmelisse

So geht's:

- Besprechen Sie vorab mit den Kindern, welche Herbstfrüchte Sie einkaufen und was Sie dann zubereiten wollen. Lassen Sie die Kinder bereits während der Zubereitung probieren, damit sie schon einmal auf den Geschmack kommen.

- Häppchen mit Fähnchen: Erst wird das Obst gewaschen. Dann sucht sich jedes Kind ein Stück Obst aus und schneidet es so, dass es eine glatte Fläche bekommt, z. B. einen Apfel wie ein Schiffchen oder wie eine Halbkugel. Eine andere Obstsorte schneidet das Kind in Scheiben und sticht daraus ein kleines Herz oder eine andere kleine Form aus. Dieses Herz legt das Kind auf die erste Frucht auf. Nun steckt es noch ein Fähnchen aus einem Zahnstocher durch die Früchte.

- Obstspieße: Gemeinsam schneiden die Kinder verschiedene Obstsorten in Würfel oder stechen eine Form aus. Jedes Kind nimmt sich einen Holzspieß und steckt nach Belieben abwechselnd Obststücke auf. Zwischen die Früchte können die Kinder Zitronenmelisseblätter aufspießen.

Tipp:

Die Obstspieße könnten im Herbst-Café (S. 29) oder bei einem Erntedankfest serviert werden.

Kopiervorlage: Fähnchen für Obstspieße

Kopieren Sie die Vorlage in der Anzahl der benötigten Fähnchen. Bitten Sie ein paar Kinder, die Fähnchen farbig auszumalen. Schneiden Sie die Fähnchen aus und kleben Sie sie an je einen Zahnstocher.

Thema:
Ernährung

Kompetenzbereiche:
Feinmotorik weiterentwickeln, Maße und Gewichte kennenlernen

Angrenzender Bildungsbereich:
Forschen und entdecken

Kinder:
3–5

Schwierigkeitsgrad:
★★☆☆☆

Vorbereitung:
5 Min.

Aktivität:
20 Min.

Material:
Schaschlikspieße, Zahnstocher, Kopien der Vorlage für Fähnchen, evtl. Kugelausstecher, herzförmige Ausstechförmchen

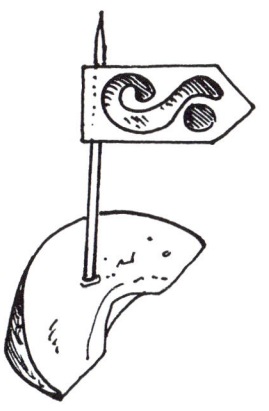

Körper, Bewegung und Gesundheit

Thema:
Ernährung

Kompetenzbereiche:
Feinmotorik weiterentwickeln,
Früchte kennenlernen

**Angrenzender
Bildungsbereich:**
Forschen und entdecken

Kinder:
4–6

Schwierigkeitsgrad:
★ ★ ★ ☆ ☆

Vorbereitung:
5 Min.

Aktivität:
30 Min.

Material:
1 großer Topf mit Deckel,
Zauberstab oder Mixer,
Entkerner, kleine Messer, Sieb,
langer Kochlöffel

Obstsuppe

Hierzulande ist die Obstsuppe eine seltene Köstlichkeit. Sie schmeckt gut, erfrischt und löscht den Durst. Ganz nebenbei gibt sie Energie für den ganzen Tag. Mit einem Strohhalm probieren selbst Obstmuffel gerne von der Suppe. Die Obstsuppe kann im Herbst-Café (S. 29) angeboten werden.

Zutaten für etwa acht Portionen:

Ca. 1 kg Obst (Beeren, Äpfel, Birnen, evtl. Bananen usw.), ca. 1 l Wasser, Honig (die Menge variiert nach Geschmack und nach der Süße der Obstsorten), neutrales Speiseöl, Zitronenmelisse- oder Pfefferminzblätter

So geht's:

- Besprechen Sie mit den Kindern das Rezept und lassen Sie sie mit auswählen, welches Obst sie in der Suppe verarbeiten möchten.

- Wenn möglich, gehen Sie gemeinsam mit den Kindern zum Einkaufen.

- Die Kinder waschen das Obst und entfernen Stängel, Blätter, Schalen und Gehäuse.

- Mit kleinen Küchenmessern schneiden die Kinder das Obst vorsichtig in kleine Stücke. Am besten sitzen die Kinder, die schneiden, zusammen an einem Tisch, damit sie nicht von anderen Kindern gestört werden.

- Ein Kind stellt einen großen Topf auf den Herd und schaltet die Platte auf mittlerer Hitze ein. In den Topf schüttet ein anderes Kind etwas Wasser, sodass der Boden bedeckt ist.

- Nach und nach geben die Kinder die geschnittenen Früchte in den Topf und schütten anschließend das restliche Wasser dazu. Legen Sie den Deckel auf den Topf. Bitte achten Sie darauf, dass die Kinder nicht unbeaufsichtigt den Deckel heben, denn die Suppe kann sehr spritzen.

- Nun das Obst aufkochen lassen. Beim Umrühren den Deckel vorsichtig heben und mit einem langen Kochlöffel rühren. Idealerweise steht das jeweilige Kind dafür auf einer Küchentrittleiter, damit sein Gesicht über dem Topf ist und nicht daneben oder gar darunter.

- Nach etwa fünf Minuten Kochzeit schaltet ein Kind den Herd ab. Stellen Sie den Topf auf die Seite, sodass die Suppe abkühlen kann.

- Pürieren Sie die Suppe je nach Gerät im Mixer oder halten Sie den Mixer in den Topf, bis keine Stückchen mehr zu sehen sind.

- Nun rühren die Kinder einen kleinen Spritzer neutrales Speiseöl in die Suppe. So kann der Körper die Vitamine besser verwerten.

- Die Kinder verteilen die Suppe auf Teller oder Schüsseln und garnieren sie, wenn sie möchten, noch mit Melisse- oder Pfefferminzblättern.

Varianten:

- Die Suppe schmeckt auch als Soße über Vanilleeis oder Hüttenkäse.

- Beerenfrüchte und andere saftige, frische Obstsorten lassen sich auch roh pürieren und evtl. sieben. Sind Hagebutten oder Holunderbeeren enthalten, muss die Suppe in jedem Fall gekocht werden.

Kakao und Haferkekse

Nach einem Herbstausflug schmecken Kekse und Kakao besonders lecker. Die Kinder backen die Kekse am besten schon davor, dann sind sie bei der Rückkehr bereits abgekühlt. Viele Kinder kennen nur Instant-Kakao und entdecken bei „richtigem" Kakao einen ganz neuen Geschmack. Dieses Rezept eignet sich auch gut in Anknüpfung an die Aktivgeschichte (S. 58 ff.).

Kakao-Zutaten für ca. 6 Portionen:

1,5 l Milch, ca. 75 g Kakaopulver, Honig

So geht's:

- Ein Kind gießt die Milch in einen hohen Topf, stellt ihn auf den Herd und schaltet die Platte auf mittlere Hitze.

- Nun misst ein Kind den Kakao ab und schüttet ihn in die Milch.

- Ist der Kakao etwas erwärmt, misst ein Kind zwei EL Honig ab und rührt ihn ein. Evtl. muss später mit etwas Honig abgeschmeckt werden.

- Ein Kind rührt ständig mit einem Schneebesen, damit keine Haut entsteht und der Kakao nicht anbrennt.

- Der Kakao sollte kurz aufkochen. Anschließend schalten die Kinder die Herdplatte aus und stellen den Topf beiseite, damit der Kakao etwas abkühlen kann. Wenn Ihnen in Ihrer Einrichtung keine Kochgelegenheit für Kinder zur Verfügung steht, sollten Sie diese Aufgabe übernehmen.

Haferkekse-Zutaten für ca. 20 Stück:

100 g Dinkel-Vollkornmehl, 200 g Haferflocken, 100 g gehackte Mandeln, 125 g Butter, 3 EL Honig, 100 g Rohzucker

So geht's:

- Mehl, Haferflocken und Mandeln wiegen die Kinder ab und schütten die drei Zutaten zusammen in eine Rührschüssel.

- Nun messen die Kinder die Butter ab und geben sie in einen Topf. Den Honig und den braunen Zucker geben sie dazu und stellen den Topf auf eine Herdplatte. Bei schwacher Hitze rühren sie, bis die Butter geschmolzen ist und sich die Zutaten vermengt haben.

- Die Kinder rühren die Butter- und Mehlmischungen vorsichtig zusammen.

- Sie schneiden Backpapier ab und legen es auf das Backblech. Auch die Ränder sollten abgedeckt sein, damit die Kekse nicht ankleben.

- Auf das Backblech streichen die Kinder gleichmäßig den Teig und achten darauf, dass eine schöne, glatte Oberfläche entsteht.

- Das Backblech schieben sie in den Ofen und lassen die Kekse bei ca. 175 Grad ca. 20 Minuten backen. Die Masse sollte etwas fest und goldbraun sein. Wenn die Kekse zu lange backen, werden sie sehr hart.

- Stellen Sie das Backblech auf einen hitzefesten Untergrund. Schneiden Sie die Kekse in der noch warmen Masse mit einem scharfen Messer zu.

- Lassen Sie sie auf einem Teller ca. eine halbe Stunde abkühlen.

Thema:
Ernährung

Kompetenzbereiche:
Feinmotorik weiterentwickeln, Maße und Gewichte kennenlernen

Angrenzender Bildungsbereich:
Forschen und entdecken

Kinder:
4–6

Schwierigkeitsgrad:
★ ★ ★ ★ ☆ ☆

Vorbereitung:
2 Min.

Aktivität:
20 Min.

Material:
Hoher Topf, Schneebesen, Esslöffel, Rührlöffel, Küchenwaage, Rührschüssel, Backpapier, Schere, großes Backblech, Topf

Miteinander leben

Vorbemerkungen

Emotionale und soziale Kompetenzen entwickeln Kinder nur innerhalb und mithilfe von sozialen Beziehungen. Sich in andere hineinzuversetzen, ihre Bedürfnisse und Gefühle zu erkennen und sie dadurch verstehen und einschätzen zu können – diese Fähigkeiten sind Voraussetzungen dafür, dass sich ein Kind in eine Gemeinschaft integrieren kann. Erwachsene Bezugspersonen spielen bei diesem Entwicklungsprozess eine wichtige Rolle. Ihre emotionale Zuwendung, Verlässlichkeit und Respektierung der kindlichen Autonomie sind wesentlich dafür, dass ein Kind tragfähige Beziehungen entwickeln kann.

Beim Umgang mit den eigenen Gefühlen durchlaufen Kinder wichtige Lernprozesse. Jedes Kind bringt von Geburt an sein Temperament und seine Gefühle mit und muss lernen, diese zu steuern. Gespräche über Gefühle unterstützen es auf diesem Weg. Sie erleichtern es dem Kind, die eigenen Gefühle und die der anderen zu erkennen und zu verstehen.

Der Kontakt zu anderen Menschen, das Bedürfnis, Gefühle miteinander zu teilen, und der Wunsch nach Zugehörigkeit sind menschliche Grundbedürfnisse. Mensch sein bedeutet deshalb auch, zu verschiedenen Bezugsgruppen zu gehören, sich als Teil der jeweiligen Gruppe zu erfahren und innerhalb dieser Gruppen bestimmte Rollen und Funktionen einzunehmen.

Für viele Kinder ist der Kindergarten das erste Bezugsfeld außerhalb der Familie. Hier treffen sie auf zunächst fremde Erwachsene und Kinder. Mit der Zeit wachsen sie in den Alltag der Einrichtung hinein und gewinnen mehr und mehr Selbstsicherheit. Ihr geistiges und emotionales Erfahrungsfeld erweitert sich beträchtlich. Sich gegenseitig zu schätzen, einander zu helfen, miteinander zu streiten und miteinander Spaß zu haben, ist nur ein kleiner Ausschnitt an Erfahrungen, die Kinder im Kindergarten sammeln.

Die herbstliche Jahreszeit bietet zahlreiche Anknüpfungspunkte, um die Entwicklung der emotionalen und sozialen Kompetenzen der Kinder anzuregen. Das St.-Martins-Fest stellt die Themen Barmherzigkeit, Teilen und Miteinander in den Vordergrund. Die Kinder lernen dazugehörige religiöse und kulturelle Bräuche kennen. Bei einer Festgestaltung erfahren die Kinder Gemeinsamkeit, indem sie sich als Teil eines Ganzen erleben.

Aktivgeschichte

Die Aktivgeschichte handelt von der Freundschaft zwischen Malte und Lars. Lars' Vorfreude auf einen tollen Laternenumzug am St.-Martins-Tag ist getrübt, weil sein allerbester Freund Malte ausgerechnet an diesem Tag mit Bauchweh zu Hause im Bett liegt. Im Kindergarten beklebt Lars seine neue Laterne für den Umzug mit roten und gelben Schnipseln aus Transparentpapier. Und weil er hofft, dass Malte bis zum Abend wieder gesund ist und dann für den Umzug seine Laterne braucht, beklebt er auch Maltes angefangene Laterne mit blauen und grünen Papierschnipseln, Maltes Lieblingsfarben. Das ist ihm heute wichtiger, als mit den anderen Kindern zu spielen.

Mit der fertigen Laterne macht Lars zusammen mit seinem Vater einen Krankenbesuch bei Malte, der sich sehr über die schöne blau-grüne Laterne freut. Da es ihm schon wieder etwas besser geht, erlaubt ihm seine Mutter, abends mit dem Laternenumzug zu gehen. So können Lars und Malte in der Dämmerung nebeneinander ihre schönen Laternen leuchten lassen.

Die Geschichte thematisiert Freundschaft und Helfen auf für Kinder nachvollziehbare Weise. Die Vorfreude auf ein Ereignis wie den St.-Martins-Zug, das Gestalten der Laternen sowie das gemeinsame Erleben eines Festumzugs kennen die Kinder aus eigener Erfahrung. Sie werden dafür sensibilisiert, anderen zu helfen, indem sie für sie Aufgaben übernehmen oder selbst Hilfe annehmen. An der Festgestaltung und -vorbereitung nehmen sie mit selbst gebastelten Laternen teil.

Praxisseiten

Im Mittelpunkt der Aktivitäten steht der Aspekt der Gemeinsamkeit. Dadurch werden die Aufmerksamkeit und das Interesse der Kinder auf die Bedürfnisse anderer gelenkt und auf ihre Möglichkeiten, sich untereinander auszutauschen und zu beraten.

Es fördert das Selbstwertgefühl, wenn man jemanden hat, der einen mag und an einen denkt. Für Kinder ist es zugleich wichtig herauszufinden, wie es sich anfühlt, selbst ein guter Freund zu sein. Dazu ist ein Gespräch über Freundschaft geeignet (S. 114), vertieft durch eine Aktivität, bei der die Kinder ihre Freundschaften malen (S. 115). Dass Gemeinsamkeiten Kinder zusammenführen und Freundschaft schließen lassen können, verdeutlicht die Kinderseite auf Seite 116.

Die Kinder erhalten in einem Gespräch (S. 118) über die Hintergründe des St.-Martins-Fests (S. 117) die Gelegenheit, vor einer Gruppe zu sprechen, zu üben, andere ausreden zu lassen, zuzuhören und auf Fragen einzugehen. Dieses Gespräch ist eine gute Basis für weitere Anregungen rund um St. Martin. Laternenumzüge gehören zum Brauchtum am St.-Martins-Tag. Die Kinder entwickeln zu einem Martinslied (S. 119) eine rhythmische Begleitung und bilden ein Orchester (S. 120). Dabei erhalten die Kinder die Gelegenheit, sich als Teil eines Ganzen zu erleben, aufeinander zu hören, Regeln für das Zusammenspiel einzuhalten und somit emotionale und soziale Kompetenzen zu entwickeln. Die festliche Stimmung und das soziale Miteinander stehen auch beim Gestalten von stimmungsvoller Dekoration mit Minilaternen (S. 122) und einer Gemeinschaftslaterne (S. 123) im Vordergrund.

Aus den Hauptthemen der St.-Martins-Geschichte entwickeln die Kinder ein eigenes Stabpuppenspiel, mit den dazugehörenden selbst entworfenen Figuren (S. 125), einem eigenen Text (S. 124) und der Aufführung. Alternativ werden vorgegebene Gestaltungsvorlagen angeboten (S. 126 / 127).

Ein schöner Brauch wird aufgegriffen, wenn selbst hergestelltes Martinsbrot miteinander geteilt oder verschenkt wird. So verinnerlichen die Kinder das Thema Teilen.

Lösung

Seite 116

Aktivgeschichte: Kein Martinsumzug ohne Malte

Die Kinder der Igel-Gruppe rufen und lachen durcheinander,
während sie bunte Papierschnipsel auf ihre neuen Laternen kleben.
Alle **freuen** sich auf den großen Martinsumzug,
der heute Abend stattfindet.
Nur Lars ist ein bisschen traurig.
Natürlich **freut** er sich auf den heiligen Martin,
der auf seinem großen, weißen **Pferd**
durch den Ort **reiten** wird.

Er ist auch schon sehr gespannt auf die Musikkapelle
mit ihren **Trommeln**

und **Trompeten**,

die wie jedes Jahr die Martinslieder spielen wird.
Und er **freut** sich darauf,
zum Klang der **Trommeln**

und **Trompeten**

laut zu **singen**
und seine nagelneue **Laterne** durch die Dämmerung **zu tragen**.

„Hurra!" rufen

„Hurra!" rufen
wiehern
imaginäre Zügel halten und
Oberkörper im Sitzen auf und
ab bewegen

auf eine imaginäre Trommel
schlagen und „Tschateradäng!
Tschateradäng!" rufen
eine imaginäre Trompete an
den Mund halten und „Trari
trara!" rufen

„Hurra!" rufen
auf eine imaginäre Trommel
schlagen und „Tschateradäng!
Tschateradäng!" rufen
eine imaginäre Trompete an
den Mund halten und „Trari
trara!" rufen
„Laterne, Laterne" singen
mit ausgestrecktem Arm eine
imaginäre Laterne tragen

Ja, er weiß genau, dass ein Martinsumzug eine tolle Sache ist.
Aber ohne Malte ist der großartigste Laternenumzug
nur halb so schön.
Und Malte, sein allerbester Freund, ist nicht im Kindergarten.
Ausgerechnet heute liegt Malte mit **Bauchweh** zu Hause im Bett.

beide Hände auf den Bauch legen, sich krümmen und „Aua!" stöhnen

So ein Mist!

Lars **taucht den Pinsel** in den Kleistertopf

und **bestreicht** seine Laterne mit Klebstoff.

Dann **klebt** er noch ein paar rote und gelbe Transparentpapier-schnipsel auf.

einen imaginären Pinsel in einen imaginären Topf tauchen eine imaginäre Laterne bepinseln mit Daumen und Zeigefinger imaginäre Papierschnipsel aufnehmen und auf die imaginäre Laterne drücken

Seine Laterne wird eine wunderschöne Kugel in Rot und Gelb.
Lars ist richtig stolz darauf.
Aber er hat nicht viel Zeit. Er muss sich beeilen.
Schließlich liegt dort noch Maltes angefangene Laterne.
Die muss Lars unbedingt fertig basteln.
Es kann doch sein, dass Malte heute Abend gesund ist
und zum Martinsumzug kommt.
Und dann braucht er eine Laterne. Das ist doch klar!

Maltes Lieblingsfarben sind Blau und Grün,
deshalb muss sein Lampion natürlich blau und grün werden.
Lars **taucht seinen Pinsel** in den Kleistertopf.

Er **bestreicht** Maltes Laterne mit Klebstoff

und **klebt** lauter blaue und grüne Papierschnipsel darauf.

einen imaginären Pinsel in einen imaginären Topf tauchen eine imaginäre Laterne bepinseln mit Daumen und Zeigefinger imaginäre Papierschnipsel aufnehmen und auf die imaginäre Laterne drücken

Lars arbeitet und arbeitet.
Das ist ziemlich anstrengend,
aber Maltes Laterne soll richtig schön werden.

Lars merkt nicht, dass die anderen Kinder
ihre Laternen zum Trocknen auf die Fensterbank stellen.
Er kümmert sich nicht darum, dass sie in der Kuschelecke toben
und in der Puppenküche spielen.
Es ist ihm egal, dass sie die Holzeisenbahn aufbauen.
Lars hat nur Augen für die Laterne seines besten Freundes.

Miteinander leben

wiehern
imaginäre Zügel halten und
Oberkörper im Sitzen auf und
ab bewegen
mit ausgestrecktem Arm eine
imaginäre Laterne tragen
auf eine imaginäre Trommel
schlagen und „Tschateradäng!
Tschateradäng!" rufen
eine imaginäre Trompete an
den Mund halten und „Trari
trara!" rufen
„Laterne, Laterne" singen

mit ausgestreckten Armen
zwei imaginäre Laternen
tragen

mit ausgestreckten Armen
zwei imaginäre Laternen
tragen

beide Hände auf den Bauch
legen, sich krümmen und
„Aua!" stöhnen

Kurz vor dem Mittagessen ist Lars endlich fertig.
Er stellt Maltes Lampion zum Trocknen zu den anderen.
Er seufzt. Hoffentlich ist Malte heute Abend gesund!
Dann können sie zusammen sehen,
wie der heilige Martin auf seinem großen **Pferd**
reitet.

Sie können gemeinsam ihre **Laternen** durch die Dämmerung
tragen
und zu den **Trommeln**

und **Trompeten** der Musikkapelle

laut **singen**.
Das wäre zu schön!

Als Papa zur Abholzeit in den Kindergarten kommt,
steht Lars schon fertig angezogen vor der Tür.
In jeder Hand trägt er eine bunte Laterne.

Die eine gehört ihm selbst und die andere ist für Malte.
Natürlich brennt in den Laternen noch kein Licht. Es ist ja noch
hell, da würde man das Licht nicht besonders gut sehen.

Zum Glück versteht Papa sofort,
dass sie nicht gleich nach Hause gehen können.
Sie müssen vorher noch einen Krankenbesuch bei Malte machen
und ihm die grün-blaue Laterne bringen.
Es ist gar nicht so einfach,
zwei Laternen zugleich zu tragen.

Als Lars stolpert und beinahe hinfällt, nimmt Papa ihm einen
Lampion ab.

Als Lars bei seinem Freund klingelt, macht ein blasser Malte auf.
„Bist du wieder gesund?", fragt Lars aufgeregt.
„Es geht mir schon ein bisschen besser.
Mein **Bauch** tut nicht mehr so weh", sagt Malte

und dann sieht er die blau-grüne Laterne.

Seine Augen werden ganz groß: „Hast du die fertig gebastelt?",
fragt er erstaunt. „Für mich?"
Lars nickt. „Ich dachte, falls du vielleicht heute Abend
gesund bist …", murmelt er und wird ein wenig rot.
Malte strahlt.
„Die Laterne ist toll geworden", ruft er. „Mama, schau mal!"
Maltes Mama ist von dem Lampion begeistert.
„Darf ich heute Abend zum Martinsumzug gehen?", bettelt Malte.
„Es geht mir doch schon wieder gut!"
Maltes Mama lächelt.
„Wenn dein bester Freund dir so eine schöne Laterne gebastelt
hat, dann müssen wir natürlich mitgehen!", sagt sie. „Aber jetzt
legst du dich noch einmal ein wenig hin, damit du zum Martins-
umzug gut ausgeruht bist. Okay?"
Malte und Lars freuen sich sehr.
„Klar!", sagt Malte. „Ich ruhe mich noch ein bisschen aus.
Vielen Dank, Lars! Und – bis heute Abend!"
„Auf Wiedersehen!", ruft Lars
und **winkt**.

„Auf Wiedersehen!" rufen
winken

Der Martinsumzug am Abend wird großartig.
Malte und Lars gehen mit ihren Laternen nebeneinander.
Dicht vor ihnen **reitet** der heilige Martin

imaginäre Zügel halten und
Oberkörper im Sitzen auf und
ab bewegen
wiehern

auf seinem weißen **Pferd**.
Die **Trommeln**

auf eine imaginäre Trommel
schlagen und „Tschateradäng!
Tschateradäng!" rufen

und **Trompeten** des Musikkapelle klingen hell.

eine imaginäre Trompete an
den Mund halten und „Trari
trara!" rufen

Ringsumher leuchten unzählige bunte Lampions durch die Nacht:
Sonnen und Monde, Fische und Drachen, Blumen und Käfer.
Die schönsten aber sind eine rot-gelbe und eine blau-grüne Kugel –
die Laternen von Malte und Lars.
Wie schön, dass Malte wieder gesund ist!
Lars holt tief Luft und **singt** so laut er kann.
Sein bester Freund Malte **singt** natürlich mit.

„Laterne, Laterne" singen
das Laternenlied singen:
„Laterne, Laterne,
Sonne, Mond und Sterne.
Brenne auf, mein Licht,
brenne auf, mein Licht,
aber nur meine liebe Laterne
nicht."

Thema:
Freundschaft

Kompetenzbereiche:
Sprechfreude weiter-
entwickeln, Gefühle benennen

**Angrenzender
Bildungsbereich:**
Sprache und Literacy

Kinder:
6–8

Schwierigkeitsgrad:
★ ★ ☆ ☆ ☆

Vorbereitung:
–

Aktivität:
10 Min.

Material:
–

Gespräch: Wir sind Freunde

In der Aktivgeschichte „Kein Martinsumzug ohne Malte" kümmert sich Lars darum, dass die Laterne für seinen besten Freund Malte fertig wird, damit sie zusammen am Martinsumzug teilnehmen können. Im Kindergarten bilden sich die ersten engeren Freundschaften zwischen einzelnen Kindern. Was es heißt, ein Freund zu sein, können die Kinder – auch diejenigen, die selbst noch keine eigenen Erfahrungen mit engen Freundschaften gemacht haben – in einem Gespräch herausfinden.

So geht's:

- Setzen Sie sich mit den Kindern zusammen, am besten an einem ruhigen und gemütlichen Ort. Bezugnehmend auf die Aktivgeschichte „Kein Martinsumzug ohne Malte" fragen Sie, ob die Kinder verstehen können, warum Lars sich so sehr für seinen Freund Malte anstrengt.

- Regen Sie daraufhin ein Gespräch über die Erfahrungen der Kinder mit Freundschaften an. Versuchen Sie, mit den Kindern herauszuarbeiten, dass der Wunsch nach einem guten Freund etwas ist, das wohl jeder immer wieder fühlt. Folgende Fragen können Sie mit den Kindern erörtern:

  – Was heißt Freundschaft?

  – Wie fühlt sich das an, ein Freund zu sein?

  – Wie fühlt es sich an, einen Freund zu haben?

  – Was tun Freunde? (Einander helfen, miteinander teilen usw.)

  – Was wünsche ich mir von einem Freund? Wie soll er sein, was soll er für mich tun?

  – Was möchte ich für meinen Freund tun?

  – Was macht Freundschaft aus?

  – Wie findet man einen Freund?

  – Kann man auch mehrere Freunde haben?

- Besonders bei Kindern im Kindergartenalter wechseln die Freunde noch häufig. Mal ist das eine Kind „der beste Freund", mal ein anderes. Doch jede Freundschaft, sei sie auch noch so kurz, gibt Kindern einen Einblick in das Gefühl, sich mit jemandem verbunden zu fühlen. Helfen Sie den Kindern zu akzeptieren, dass sich Freundschaften ebenso verändern, wie sich Interessen und Gefühle verändern:

  – Was passiert, wenn mein Freund lieber mit anderen spielt?

  – Und wenn ich mal nicht mit meinem Freund spielen will?

  – Was, wenn ich den Freund nicht mehr mag?

- Im Anschluss an das Gespräch findet idealerweise eine kleine Aktion statt, die den Kindern ein Gemeinschaftsgefühl vermittelt, z.B. ein Spiel oder ein kreatives Angebot (siehe S. 115).

Du und ich: Malen im Rahmen

In der Aktivgeschichte gibt es zwei gute Freunde. Einer ist für den anderen da. Jemanden zu haben, der einen mag und an einen denkt, fördert das Selbstwertgefühl. Zugleich ist es für Kinder wichtig, herauszufinden, wie es sich anfühlt, selbst ein guter Freund zu sein. Um eine Freundschaft sichtbar zu machen, können sich die Kinder mit ihrem Freund malen und die Bilder ausstellen.

So geht's:

- Gibt es im Kindergarten Kinder, die sich momentan mit einem Kind besonders gut verstehen? Fragen Sie, welche guten Freunde Lust haben, sich zu malen.

- Die Kinder wählen, ob sie ein Bild zusammen malen wollen oder ob jedes einzeln malen möchte.

- Dementsprechend erhält entweder jedes Kind oder jedes Paar zusammen einen Pappteller. Die Kinder können auch auf den Tellern des anderen ein Bild vom Freund ergänzen. So entstehen Gemeinschaftsbilder und doch haben alle ihr eigenes Bild.

- Die Kinder setzen sich dicht zusammen und betrachten sich im Spiegel. Haben Sie keinen Handspiegel, gehen sie dafür ins Bad.

- Entweder malen die Kinder nun direkt auf die Pappteller oder sie skizzieren zuerst mit Bleistift. Sie versuchen, sich als ein Freundespaar darzustellen.

- Malen zwei Kinder an einem Pappteller, können sie sich gegenseitig malen.

- Die Kinder malen auch auf dem Rand des Tellers mit bunten Farben, sodass ein schöner Rahmen entsteht.

- Schreiben Sie die Namen der Maler und der dargestellten Kinder hinter die Gemälde.

Variante:

Alle Kinder können gemeinsam an einem großen Bild arbeiten. Jedes Kind malt ein anderes Kind der Gruppe.

Thema:
Freundschaft

Kompetenzbereiche:
Kreativität entfalten,
Wahrnehmung schulen

Angrenzender Bildungsbereich:
Kreativität und Musik,
Körper, Bewegung und
Gesundheit

Kinder:
4–6 (jeweils Freundespaare)

Schwierigkeitsgrad:
★ ★ ★ ★ ☆ ☆

Vorbereitung:
2 Min.

Aktivität:
15 Min.

Material:
Große rechteckige Pappteller
(weiß oder Natur), Acrylfarben,
Pinsel, Hand- oder Tisch-
spiegel

Material pro Kind:
Malkittel

Wollen wir Freunde sein?

Schau dir die Kinder genau an. Findest du zwei oder mehrere Kinder, die etwas gemeinsam haben? Verbinde sie mit Linien, damit sie Freunde werden können.

Infoseite: St. Martin

- Martin wurde ca. 316/317 im heutigen Ungarn geboren. Er wuchs in Italien auf und musste als Sohn eines Berufssoldaten bereits mit 15 Jahren wie sein Vater Soldat werden. Kurze Zeit später wurde er bereits Offizier.

- Bereits beim Militär fiel Martin durch seine Hilfsbereitschaft auf und bemühte sich immer um gute Taten.

- Martin bereitete sich mehrere Jahre auf die christliche Taufe vor, die schließlich in Amiens (Frankreich) stattfand, als er etwa 18 Jahre alt war.

- Später gab Martin den Militärdienst auf, wurde Priester und gründete schließlich mehrere Klöster.

- Auf Wunsch des Volks wurde Martin im Jahr 371 zum Bischof von Tours geweiht.

- Martin starb im hohen Alter von ca. 81 Jahren und wurde in Tours am 11. November 397 begraben.

- Martin von Tours wurde später heiliggesprochen und sein Gedenktag auf den 11. November festgelegt.

- Die Legende von der Mantelteilung: Als junger Soldat in Amiens traf Martin einen armen Bettler. Martin war in einen großen Militärmantel gehüllt und hatte Mitleid mit dem Frierenden. Er teilte kurzerhand seinen Mantel in der Mitte und gab dem Bettler eine Hälfte. Nun trug auch er nur noch eine Mantelhälfte und wurde deshalb verspottet. Angeblich wurde er auch noch von seinen Vorgesetzten bestraft, weil er militärisches Eigentum beschädigt hatte. In der folgenden Nacht aber erschien ihm im Traum Jesus, der in die Mantelhälfte gehüllt war, die er verschenkt hatte.

- Die Legende von der Bischofsweihe: Als die Bürger von Tours Martin zu ihrem Bischof berufen wollten, lebte Martin in seinem Kloster und wollte es nicht verlassen. Er versteckte sich vor der Menschenmenge in einem Gänsestall. Doch das laute Geschnatter der Gänse verriet ihn, sodass er bald gefunden wurde. Schließlich übernahm er doch das Amt des Bischofs von Tours.

- Viele Bräuche erinnern an St. Martin:

  – Martinsumzug: Früher wurden am Martinstag Feuer abgebrannt. Die Feuer symbolisierten das Licht, das der Heilige mit seiner Nächstenliebe in die Dunkelheit gebracht hat. Daraus sind die Laternenumzüge entstanden, bei denen die Kinder mit Laternen durch die Dunkelheit gehen und dabei Martinslieder singen.

  – Martinsspiel: In vielen Gegenden spielen Kinder das Leben und die Mantelteilung des heiligen Martin nach. Sie wollen damit zeigen, dass auch wir heute anderen helfen können.

  – Weckmann: Weckmänner zählen zu den Gebildebroten (aus Teig geformte Figuren). Sie gehörten ursprünglich zum Nikolaustag, sind aber heute in vielen Regionen Deutschlands auch am Martinstag und in der ganzen Adventszeit üblich. Sie stellen einen Bischof dar, wobei die Pfeife daran vermutlich auf einem Irrtum beruht, denn dreht man sie um, erkennt man einen Bischofsstab. Je nach Region ist der Weckmann auch als Stutenkerl, Pumann, Dambedei, Hefekerl, Klausenmann oder Klaaskerl bekannt.

Miteinander leben

Kompetenzbereiche:
Sprechfreude (weiter)ent-
wickeln, Wissen erweitern

**Angrenzender
Bildungsbereich:**
Sprache und Literacy

Kinder:
20

Schwierigkeitsgrad:
★ ★ ☆ ☆ ☆

Vorbereitung:
–

Aktivität:
10 Min.

Material:
–

Gespräch: Warum feiern wir St. Martin?

In der Aktivgeschichte freuen sich die Kinder auf das Martinsfest. Sie gestalten ihre eigenen Laternen und treffen sich schließlich, um damit abends durch die Straßen zu ziehen. Doch warum wird dieser Tag eigentlich gefeiert? Regen Sie die Kinder zu einem Gespräch an, das die Hintergründe des St. Martinstags beleuchtet. Dieses Gespräch ist eine gute Basis für weitere Anregungen rund um St. Martin. Im Gespräch können die Kinder ihr Wissen und ihre Erfahrungen mitteilen und neue Fragen formulieren. Sie profitieren zugleich von den Erfahrungen der anderen Kinder. Legen Sie den Schwerpunkt des Gespräches nicht ausschließlich auf den Inhalt (St. Martin), sondern auch auf das Miteinander. Geben Sie den Kindern die Gelegenheit, vor einer Gruppe zu sprechen, zu üben, andere ausreden zu lassen, zu-zuhören und auf Fragen einzugehen.

So geht's:

* Die Kinder setzen sich im Kreis oder an einen gemütlichen Platz. Wer möchte, erzählt nun nacheinander, was er über St. Martin weiß oder stellt Fragen, auf die die Gruppe gemeinsam Antworten sucht (die Informationen auf S. 117 können Sie dabei unterstützen):

  – Warum heißt es „St.-Martins-Tag"?

  – Wer ist bzw. war St. Martin?

  – Warum feiern wir diesen Tag?

  – Was hat St. Martin getan?

  – Warum tragen wir Laternen?

  – Warum ziehen wir durch die Straßen?

* Abschließend besprechen Sie, welche Aktivitäten für die St.-Martins-Feier im Kindergarten geplant sind, bzw. stellen in Aussicht, gemeinsam darüber zu entscheiden.

Lied: Laterne, Laterne

Text und Melodie: volkstümlich

1. La - ter - ne, La - ter - ne, Son - ne, Mond und Ster - ne,

bren - ne auf, mein Licht, bren - ne auf, mein Licht,

a - ber nur mei - ne lie - be La - ter - ne nicht.

2. Laterne, Laterne,
   Sonne, Mond und Sterne,
   sperrt ihn ein den Wind,
   sperrt ihn ein den Wind,
   er soll warten, bis wir zu Hause sind.

3. Laterne, Laterne,
   Sonne, Mond und Sterne,
   bleibe hell, mein Licht,
   bleibe hell, mein Licht,
   denn sonst strahlt meine liebe Laterne nicht.

Thema:
Rhythmus

Kompetenzbereiche:
Gemeinschaft erleben,
Instrumente kennenlernen

**Angrenzender
Bildungsbereich:**
Kreativität und Musik

Kinder:
8 – 10

Schwierigkeitsgrad:
★ ★ ★ ☆ ☆

Vorbereitung:
2 Min.

Aktivität:
10 Min.

Material:
Verschiedene Rhythmus-
instrumente (z. B.: Tamburine,
Becken, Triangel, Kastagnetten,
Holzblocktrommeln, Klang-
hölzer, Rasseln, evtl. auch
Tröten, Kazoos, Ratschen,
Kämme und Butterbrotpapier)

Rhythmische Begleitung

Für einen großen Martinszug können die Kinder ein Orchester bilden und die Martinslieder mit Instrumenten begleiten. Ein Orchester bietet ihnen die Gelegenheit, sich als Teil eines Ganzen zu erleben, zu lernen, aufeinander zu hören, Regeln für das Zusammenspiel einzuhalten und dabei emotionale und soziale Kompetenzen zu entwickeln.

So geht's:

- Die Kinder üben zunächst den Text und die Melodie der Lieder für den Martinszug (z. B.: „Laterne, Laterne" (S. 119), „Ich geh mit meiner Laterne", „Sankt Martin").

- Die Gruppe, die ein Orchester bilden möchte, trifft sich im Kreis. Alle einsetzbaren Instrumente liegen hinter Ihnen, sodass die Kinder nicht darauf zugreifen können.

- Nehmen Sie nun eines der Instrumente in die Hand und zeigen Sie es den Kindern. Fragen Sie nach dem Namen des Instruments.

- Welchen Klang erzeugt das Instrument?

- Wer möchte jetzt selbst einen Klang mit dem Instrument erzeugen?

- Je mehr originelle Instrumente Sie haben, desto besser. Neben Kazoos, Tröten und Ratschen können die Kinder auch Kammblasen ausprobieren.

- Sind alle Instrumente vorgestellt, singen die Kinder das Lied. Ein Kind wählt ein Instrument und versucht, an vorher ausgesuchten Stellen, z. B. beim Refrain, rhythmisch zu begleiten.

- Bei der nächsten Wiederholung des Liedes, bzw. dem nächsten Refrain, spielt ein weiteres Kind mit usw.

- In einer großen Gruppe können natürlich auch mehrere Kinder gleichzeitig spielen.

- Nach und nach üben die Kinder auf diese Weise den Rhythmus ein und wiederholen zugleich das Lied mit Melodie und Text.

Tipp:

Wenn die Kinder mit den Instrumenten beim Umzug mitlaufen, sollte bei der Auswahl beachtet werden, dass die Kinder sie beim Laufen in einer Hand halten können.

Variante:

Bilden Sie ein Trommelorchester und beginnen Sie mit einem einfachen Rhythmus. Lassen Sie die Kinder der Reihe nach mitspielen. Nach einiger Zeit nehmen Sie ein weiteres Rhythmuselement dazu und lassen die Kinder erneut reihum üben, bis alle sicher spielen.

Kinderseite: Laternen malen

Malt den Menschen lustige Laternen. Malt auch das übrige Bild an.

Thema:
St. Martin

Kompetenzbereiche:
Feinmotorik weiterentwickeln,
Kreativität entfalten

**Angrenzender
Bildungsbereich:**
Kunst und Kreativität

Kinder:
3 – 5

Schwierigkeitsgrad:
★ ★ ☆ ☆ ☆

Vorbereitung:
2 Min.

Aktivität:
15 Min. (zwei Einheiten)

Material:
Kleine Luftballons (Wasser-
bomben), Ballonpumpe,
Kleister, Kleisterpinsel, buntes
Transparentpapier, Teelichter,
Nadeln, kleine Schere oder
Zick-Zack-Schere, Toiletten-
papierrollen, festes Tonpapier

Minilaternen

Damit die Martinsfeier stimmungsvoll wird, sollten alle Tische schön deko-
riert sein. Wer draußen feiert, möchte vielleicht einen Weg mit Windlichtern
ausleuchten. Oder Sie geben jedem Kind die Möglichkeit, abends ein Licht
ins Fenster zu stellen. Dafür können die Kinder aus kleinen Luftballons einfache Laternen zum Aufstellen herstellen.

So geht's:

- Jedes Kind erhält einen kleinen Luftballon und versucht, ob es ihn aufblasen kann. Da sich Wasserbomben schwer aufblasen lassen, sollten
Sie evtl. mit einer Pumpe helfen.

- Aus farbigem Transparentpapier reißen die Kinder viele kleine Schnipsel,
etwa vier mal vier Zentimeter groß.

- Die Kinder halten ihren Ballon am Verschluss fest, kleistern ihn ein und
legen nach und nach Transparentpapierschnipsel darauf. Da sich die
Schnipsel überlappen sollen, muss nach jedem Schnipsel wieder etwas
Kleister aufgestrichen werden. Achten Sie darauf, dass die Kinder nicht
zu viel Kleister verwenden, damit die Laterne nach dem Austrocknen
keine Hohlräume hat.

- Zum Abstellen und Trocknen benutzen die Kinder aufgestellte Toiletten-
papierrollen.

- Nach mindestens einem Tag Trockenzeit pieksen die Kinder mit einer
Nadel oder Schere ihren Ballon auf und lassen ihn schrumpfen, bis sie
ihn herausziehen können.

- Die Ränder der Laterne werden nun abgeschnitten. Das geht gut mit
einer kleinen Schere oder einer Zick-Zack-Schere.

- Sind die Laternen auch innen gut getrocknet, können sie auf einen
Untergrund geklebt werden, z.B. auf einem aus festem Tonpapier ausgeschnittenen Kreis.

- Nun stellen die Kinder ein Teelicht hinein. Evtl. fixieren Sie es mit etwas
Heißkleber, dann brauchen später nur die Teelichter (nicht der Blechnapf)
ausgetauscht zu werden.

Gemeinschaftslaterne

Wenn die Kinder für das Martinsfest ohnehin auch außerhalb des Kindergartens Laternen gestalten, kann im Kindergarten gemeinsam eine große Laterne für alle vorbereitet werden. Die Aktivität ist ideal für eine kleine Gruppe wie die Vorschulkinder, da die Teamarbeit das Gemeinschaftsgefühl stärkt.

So geht's:

- Die Kinder überlegen sich zuerst Motive (kleine Dreiecke, Sterne usw.) für ihre Laterne und markieren sie auf dem Sitzball mit Filzstift oder Klebeband.

- Nun bedecken die Kinder den Sitzball mit Kleister und Zeitungspapier in mindestens vier, besser sechs bis acht Schichten. Dabei legen sie ein Zeitungsblatt auf den Ball, bestreichen es mit etwas Kleister, legen das nächste Blatt überlappend auf und drücken alle Blätter gut an.

- Die markierten Motive werden beim Bekleben ausgespart. Anstatt zu kleistern, kleben die Kinder hier einen gleichmäßigen Rand.

- Nach ein paar Tagen Trockenzeit lassen die Kinder die Luft aus dem Ball und ziehen ihn vorsichtig heraus.

- Nun beginnt die Feinarbeit. Innen und außen (auch an den Aussparungen) wird mit Kleister und Papier versäubert, bis die Oberfläche schön glatt ist.

- Mit aufgeklebten Papierwülsten oder Bindfäden wird die Laterne verziert.

- Nach mindestens einem weiteren Trockentag können sie die Laterne nach eigenen Ideen bemalen. Gut wirkt auch ein farbiger Innenraum.

- Die Kinder stechen vorsichtig mit einem scharfen Gemüsemesser an jeweils gegenüberliegenden Seiten insgesamt vier Löcher in die Laterne. Durch die einander gegenüberliegenden Löcher schieben sie je einen Besenstiel, sodass die Stöcke parallel zueinander herausragen. An den Enden der Stiele können insgesamt vier Kinder die Laterne tragen.

- Zur Beleuchtung dienen mehrere Stumpen-kerzen von guter Qualität, ab und zu sollten Sie das Wachs ausleeren. Mithilfe von Heiß-kleber und einem Rand aus gewickelter Alu-folie befestigen.

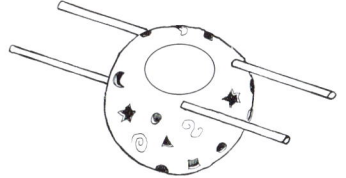

Variante:

Als Basis kann auch ein großer Luftballon, Schwimm-reifen oder Schlauch von einem Traktor dienen (die Luft muss nach dem Trocknen abgelassen werden können). Bei einem Reifen bleibt die Laterne oben offen, sodass eine Art „Rundlaterne" entsteht.

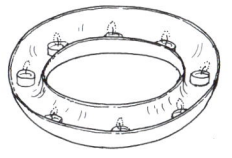

Tipps:

- Aussparungen ab drei Zentimeter Durchmesser sollten nach dem Trocknen mit Transparentpapier hinterklebt werden, sonst weht der Wind hindurch.

- Mit Klarlack auf Wasserbasis hält die Laterne einem Regenguss stand.

- Für die Beleuchtung eignen sich auch Batterielampen.

Thema:
Laterne

Kompetenzbereiche:
Sich als Teil eines Ganzen erfahren, künstlerische Techniken erlernen

Angrenzender Bildungsbereich:
Kreativität und Musik

Kinder:
4–6 (in wechselnden Gruppen)

Schwierigkeitsgrad:
★ ★ ★ ★ ☆ ☆

Vorbereitung:
5 Min.

Aktivität:
15 Min. (mehrere Einheiten an verschiedenen Tagen)

Material:
Sitzball, Filzstift, Klebeband, Zeitungspapier, Kleister, Pinsel, Pappe (z. B. von einem großen Karton), Gemüse-messer, dicker Bindfaden, zwei Besenstiele oder dünnere Stöcke aus dem Baumarkt, Stumpenkerzen, Alufolie, Heißkleber, Malfarben

Thema:
St. Martin

Kompetenzbereiche:
Wortschatz erweitern, Erzählfähigkeit (weiter)entwickeln

**Angrenzender
Bildungsbereich:**
Sprache und Literacy

Kinder:
3–5

Schwierigkeitsgrad:
★ ★ ★ ★ ☆

Vorbereitung:
–

Aktivität:
30 Min.

Material:
Papier und Stift

Text für ein Stabpuppenspiel formulieren

Die meisten Kindergärten feiern das Martinsfest jedes Jahr. Wie wäre es, vor dem üblichen Laternenzug ein kleines Theaterstück mit Stabpuppen aufzuführen? Die Kinder laden dazu Eltern und Geschwister ein.
Den Text für das Stück formulieren die Kinder gemeinsam mit Ihnen. Sie sollten die Martinsgeschichte kennen und evtl. bereits die Aktivgeschichte gehört haben. Auf dieser Basis können sie sich gut selbst etwas ausdenken. Für jüngere Kinder ist eine vollkommen freie Adaption der Martinsgeschichte noch nicht gut nachvollziehbar. Daher sollten die Hauptfiguren (St. Martin, Bettler) und Haupthandlung (Mantelteilung) im neuen Text aufgegriffen werden.

So geht's:

- Die Kinder treffen sich an einem ruhigen Ort.

- Erzählen Sie sich gemeinsam die Martinsgeschichte.

- Arbeiten Sie die Hauptthemen (Teilen, Miteinander, Barmherzigkeit) heraus.

- Besprechen Sie mit den Kindern die Idee des Stabpuppenspiels. Einige Kinder gestalten die Stabpuppen und spielen die Martinsgeschichte vor. Andere Kinder können ein Bühnenbild für das Stück erstellen.

- Die Kinder entscheiden, ob sie sich an die Originalgeschichte halten möchten oder lieber eine neue, freie Geschichte erfinden wollen, die die zuvor erarbeiteten Hauptthemen aufgreift. Impulsfragen dazu können sein: Was wollen wir aussagen? Was ist uns wichtig? Was wollen wir den Zuschauern vermitteln?

- Überlegen Sie mit den Kindern, welche Figuren für das Stück wichtig sind.

- Je nach Anzahl der mitspielenden Kinder sollten entsprechend viele Figuren im Stück vorkommen. Da in der originalen Martinsgeschichte nur zwei Figuren und das Pferd, auf dem St. Martin reitet, vorkommen, könnten zusätzlich einige Leute aus dem Volk auftreten, die Kommentare zur Handlung äußern.

- Finden Sie mit den Kindern einen Anfang, einen Höhepunkt und einen Schluss für das Stück.

- Halten Sie die Ideen der Kinder möglichst unmittelbar schriftlich fest, damit kein Gedanke verloren geht.

- Schreiben Sie zum Schluss die Geschichte mit einfachen Worten auf.

Tipps:

- Auch die Aktivgeschichte eignet sich hervorragend als Vorlage für ein Stabpuppenspiel. Die Kinder können einfache Dialoge selbst sprechen. Sie oder z. B. eine Oma, ein Vater lesen den restlichen Text vor.

- Wenn es den Kindern schwer fällt, auf theoretische Weise eine Geschichte zu erfinden, lassen Sie sie mit einfachen Figuren oder mit sich selbst als Schauspielern vorspielen, was sie meinen. So entwickeln sie im Spiel gute Ideen, die Sie niederschreiben können.

Figuren für das Stabpuppenspiel

Für das Stabpuppenspiel (S. 124) können die Kinder sich die Figuren selbst herstellen. Zur Geschichte, die sie sich ausgedacht haben, entwickeln sie die äußere Erscheinung der Figuren. Wenn Sie wenig Zeit zur Verfügung haben, mit sehr jungen Kindern arbeiten oder das Stück mit den Eltern für die Kinder aufführen wollen, finden Sie auf S. 126/127 Gestaltungsvorlagen für die Herstellung einfacher Stabpuppen.

So geht's:

- Die Kinder hören die Geschichte für ihr Stabpuppenspiel.

- Besprechen Sie mit den Kindern, welche Rollen es in dem Stück gibt.

- Verteilen Sie die Rollen. Dabei können Sie auch anbieten, das Stück mehrmals aufzuführen. So können die einzelnen Rollen mehrfach besetzt werden.

- Die Kinder überlegen sich, wie ihre Figuren aussehen sollen. Gehen Sie gemeinsam durch, was die Figuren im Stück tun und sagen, wie sie sich bewegen und welche markanten Merkmale sie haben.

- Nun entwerfen die Kinder eine Zeichnung von ihrer Figur auf Papier.

- Helfen Sie den Kindern, ihre Figuren auszuarbeiten.

- Die Kinder kleben die grob ausgeschnittenen Figuren auf Fotokarton und schneiden nun die Figuren exakt aus.

- Schön wäre es, wenn die Kinder noch motiviert genug sind, die Figuren auch auf der Rückseite auszugestalten.

- Jede Figur erhält einen Stab. Je nach Größe der Figur und des geplanten Bühnenrahmens ist es ein Schaschlikspieß oder ein einfacher Holzstock. Die Kinder kleben ihre Figuren an oder tackern sie auf den Holzstock.

- Lassen Sie die Kinder ausprobieren, wie die Puppe zum Spielen verwendet wird. Am besten stellen Sie einen Spiegel vor die Kinder und ihre „Bühne". Diese Bühne kann bei den Proben aus einem Stock bestehen, der zwischen zwei Stühlen liegt. Darüber hängen Sie ein Tuch oder eine Decke. Mithilfe des Spiegels können die Kinder sehen, wie hoch sie die Puppen halten müssen und ob sie die Puppen im Profil zeigen, damit sie von den Zuschauern erkannt werden.

Tipp:

Wenn Sie die von den Kindern gezeichneten Figuren scannen und gespiegelt ausdrucken, erhalten die Kinder eine Vorder- und Rückseite ihrer Figur, die sie nur noch auszumalen und aufzukleben brauchen.

Thema:
St. Martin

Kompetenzbereiche:
Kreativität entfalten,
Feinmotorik entwickeln

Angrenzende Bildungsbereiche:
Sprache und Literacy

Kinder:
2–3

Schwierigkeitsgrad:
★ ★ ★ ☆ ☆

Vorbereitung:
2 Min.

Aktivität:
15 Min.

Material:
Papier, Karton, Kleber, Scheren, je nach Größe der Figuren: Schaschlikspieße oder Laternenstecken (Rundholzstäbe aus dem Baumarkt), Tacker

Gestaltungsvorlage: Stabpuppen (1)

✂

Kopieren Sie die Bilder. Kleben Sie sie auf Pappe und nach dem Ausschneiden an einen Stab.

Gestaltungsvorlage: Stabpuppen (2)

✂

Kopieren Sie das Bild. Kleben Sie es auf Pappe und nach dem Ausschneiden an einen Stab.

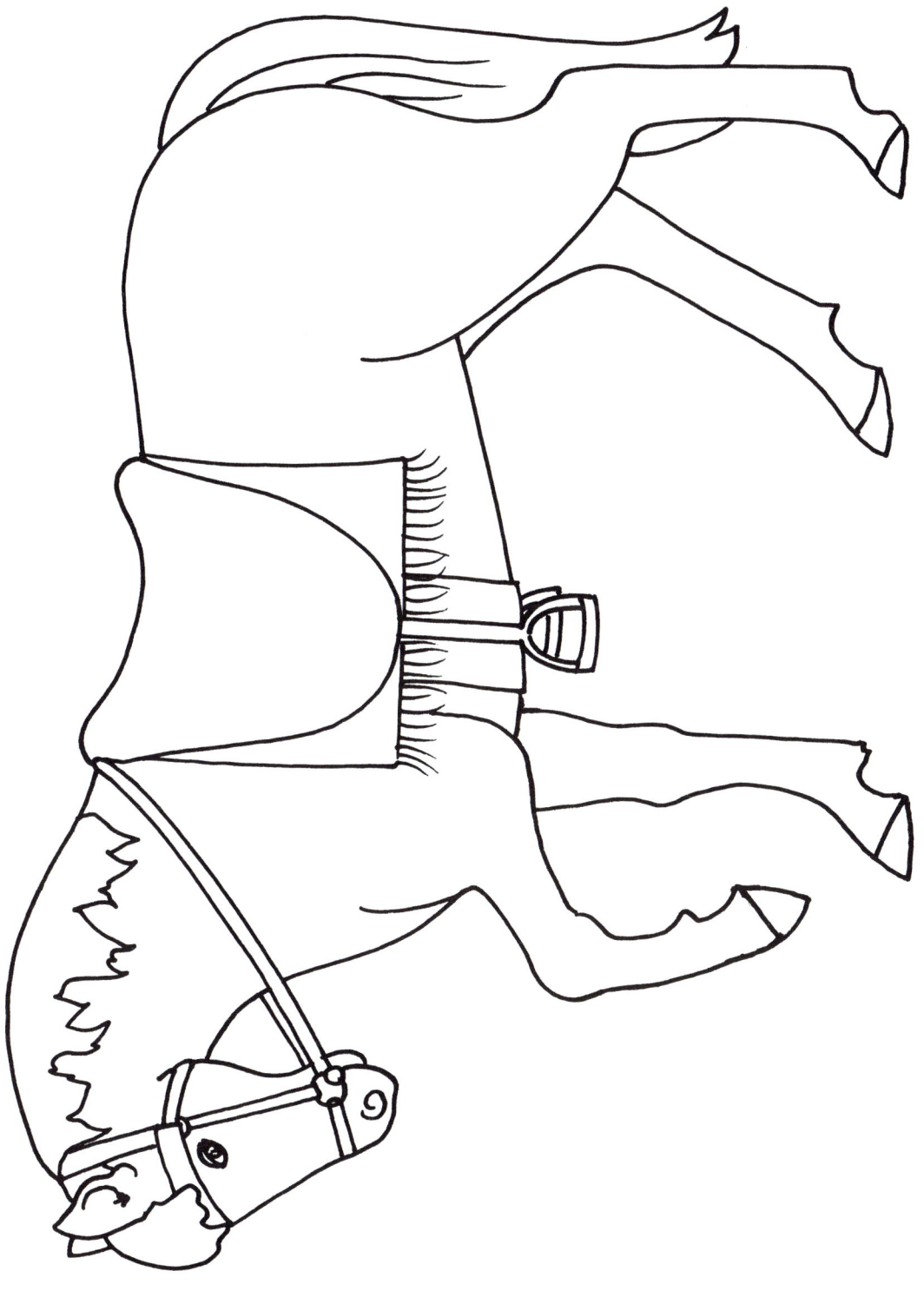

Miteinander leben

Thema:
St. Martin

Kompetenzbereiche:
Maße, Mengen, Gewichte und Zahlen kennenlernen, Teamarbeit erleben

Angrenzende Bildungsbereiche:
Forschen und entdecken, Körper, Bewegung und Gesundheit

Kinder:
3–5

Schwierigkeitsgrad:
★ ★ ☆ ☆ ☆

Vorbereitung:
20 Min.
Den Hefeteig (am Vortag) vorbereiten, sodass er zum Start der Aktion aufgegangen ist. Für ein Grundrezept Hefeteig benötigen Sie: 1000 g Mehl, 400 ml Milch, ½ TL Salz, 150 g Zucker, 200 g Butter, 4 Eier, 1 Würfel Hefe (42 g).

Aktivität:
20 Min.

Material:
mehrere Nudelhölzer, Ausstechförmchen oder Schablonen aus Pappe (z. B.: Männchen, Pferd), Schneebesen, Pinsel, Backpapier und mehrere Bleche

Martinsbrote verschenken

Greifen Sie, angeregt durch die Aktivgeschichte bzw. das einführende Gespräch über St. Martin (S. 118), den schönen Brauch auf, Martinsbrot gemeinsam zu backen, um es „miteinander zu brechen", also zu teilen. Durch das gemeinsame Tun erleben die Kinder das Thema Teilen und verinnerlichen es mehr als nur über Worte.

Zutaten für etwa zwölf kleine Martinsmänner:

Vorbereiteter Hefeteig, 2 Eigelb und ca. 4 EL Milch zum Bestreichen, Rosinen und Mandeln zum Verzieren

So geht's:

- Die Kinder treffen sich in der warmen Küche.

- Den vorbereiteten Teig nehmen die Kinder aus der Schüssel heraus und kneten ihn mit bemehlten Händen noch einmal gut durch.

- Sie teilen den Teig in kleine Portionen und legen sie auf eine bemehlte Unterlage.

- Jedes Kind rollt nun etwas Teig aus und sticht mit einem Förmchen Figuren (Männchen oder auch ein Pferd) aus. Die Kinder können die Figuren auch frei formen oder eine Schablone aus Pappe verwenden.

- Die Kinder legen Backbleche mit Backpapier aus und legen darauf nacheinander ihre Figuren.

- Ein Kind schlägt zwei Eier auf und trennt evtl. gemeinsam mit Ihnen das Eigelb vom Eiweiß. In das Eigelb verquirlt es die Milch.

- Ein anderes Kind streicht mit dem Pinsel die Eimasse auf die Figuren.

- Nun dürfen die Kinder ihre Figuren noch nach Herzenslust mit Mandeln oder Rosinen verzieren (z. B. für Augen und Mantelknöpfe).

- Im Backofen die Brote bei etwa 200 Grad backen. Nach ca. 20 Minuten sind sie hellbraun und Sie können sie vorsichtig herausholen.

- Die Brote bleiben noch einen Moment auf dem Blech liegen, um abzukühlen. Wenn möglich, sollten sie auf einem Gitter fertig auskühlen.

Variante:

Sie können den Teig auch mit den Kindern gemeinsam vorbereiten. Da der Hefeteig längere Zeit zum Gehen benötigt, sollte die Zubereitung am Vortag erfolgen. Dabei können die Kinder die Hefe erkunden und beobachten, wie der Teig aufgeht (forschen und entdecken). Sie packen die frische Hefe, am besten ein Extra-Stück als Anschauungsmaterial, aus und riechen daran. Alle Kinder sollten die Gelegenheit erhalten, die Hefe auch anzufassen.

Tipp:

Sollte keine Küchenmaschine zur Verfügung stehen, ist es einfacher, den Teig in zwei Portionen (in Schüsseln oder auf der Arbeitsfläche) anzurühren und zu kneten.